韓振方 著

人生智庫

塵海微語

第三四冊 合訂本

中華民國乙酉年 國父誕辰於東海蓬萊仙島——台灣

祠堂家祖不忘拜

一、忠孝詩書傳家遠，
遠源炎黃血脈聯；
聯祭祠堂列祖宗，
宗親族群莫忘拜。

二、拜為開國黃帝訂，
訂要兒女切踐行；
行非祖先不家叩，
叩誠虔悔靈返天。

（特註：妄言天懲）

塵海微語聯句文

一、天地人生有志氣，氣發求知力創業；
業建宏大得眾扶，扶成回饋利世塵。

二、塵海微語智慧廣，廣集嘉言啟心竅；
竅開今生不枉度，度人拯己上瑤天。

三、天空銀河億千萬，萬星閃耀亮塵寰；
寰宇眾生護地球，地球人類將大同。

四、同秉儒宗做正人，人失禮義誰尊敬；
敬愛倫常維德行，行功立言本乎中。

五、中華民族容量大，大國泱泱濟弱風；
風發五湖四海雄，雄促族教婚和平。

六、和平相處誠相協，協力科研技精路；
路上蔓藤慢撥開，開懷笑忘佛迎天。

天覆大地—地育物人

一、天覆大地　地育物人
人道做好　好返先天
天下合統　統看中華
華人志雄　雄守王道

二、王道立國秉和平，
平等善待異民族；
族教婚嫁互協愛，
愛人如己是華人。

人生天地萬物靈

一、人生天地萬物靈，靈高守道利福人；人我互敬恥偷盜，盜邪刑懲天不容。

二、容非科技網害人，人立兩間守正氣；氣發仁德慈悲心，心懷博愛天下公。

目錄

自序

韓振方

一、此書名之為——塵海微語——似含有聖神佛道禪味，點明迷津，開悟靈性，超脫塵世之情懷。自揣鄙有何德何能？敢著是書，秉筆為言。溯拙昔曾置身於軍閥割據爭雄外患內亂及一、二次大戰，民族存亡，擲筆報國，戎馬疆場，奮役南北。甫卸征衣，勤耕現實，旋遁跡塵寰，玩筆桿難謂之內行。慨嘆當年抗日內戰沙場之友，戎幕同僚，黃埔窗情，長屬誼緣，塵世投契，親鄰鄉寅，相繼辭世凋謝。深感人生苦短，物變無常，榮枯得失，容或有異，白雲蒼狗，曇花一現。反觀塵世間之人類，彼此明爭暗鬥，貧富成敗，愛恨情仇，受屈寫心激蕩迴旋，輾轉反側，繞室徬徨，困坐愁城，抑鬱終朝，憂悶難解之心結，泥陷於深淵傷痛難拔漩渦之中。設若提供人生旅途之行人一言片語之開懷慰藉，以解其不解之苦煩，期以撥雲見日，重睹彩虹，點燃熊熊烈火，奮發再起之雄心壯志，展現潛能，不為困惑迷昧所苦之有力……一副清涼散，暖心丸，啟愚錠，定神劑，則稍堪頷首足慰矣！故懷以有限之知見與抱負，望有助益激發策勉溫馨於世人。情得──心不斷念於人我之間：路行──徑不絕途於之中庸恕道。本以做人、處世、創業、成家、潤德、修身、懷仁、仗義、怡心、養情、化性、益智，去惡從善而懷儒俠之仙風，養浩然之正氣之旨趣為著墨點。

無意故弄玄奇、標新立異以自炫。擁有此書，啟愚開悟，培德娛心，識透物情，開明智慧。雖不是格言，但甚於格言之涵味：雖不是詩詞，但有詩詞之味道。至於若為文句淺白俚俗或是隱寓稍深難解，因層次見解之不同，請揀出與自己所喜愛之話條抽理出來，玩味欣賞，印證事物哲理，必得一番會心莞爾之境趣，試試以為然乎？當以明之。由此可測知個人閱讀角度之自識潛力——因含有某種時代背景或專業話語——莫為深淺有所評斷矣。

二、本書採用之語句，有點咬文嚼字之味道，但全以一定之模式，開頭以人……人之無有及有無且主宰萬物之人以聯字聯句計十八條值得品味——在第壹冊——獨創之語法外，之後餘冊將古今中外賢達英豪聖哲之處世名言以及神學家、宗教家、哲學家、史地、生物與各方社會心理學家、教育家等之勵語慧識，融會於儒、釋、道各家之心言，予以貫聯，且以不同之角度衡量人生之正反面，精煉結集，樸實無華之文語，既難謂詩，尤非是詞，洵為一種前無古人曾用之章法，看有耳目一新實又拘泥形式之感，句末轉折反敘，畫龍點睛，別具一格，語體淺白文言參用，雅俗皆可供賞，得謂啟迪智慧，觸發人生思維之南針，為塵海中碌碌人們之悵惘心，點燃閃亮之一盞導航明燈。

三、本書每一條則，皆本獨立性，蓄含有正反合，起承轉合之語意——少數例外。若數則前後貫通去領悟，尤可瞭解該事物之連環性、或不關聯性，但均可會意其所含之內涵矣！例舉：

1. 論孝論心，且當論跡；論跡自古知孝子——子報親恩。
2. 論法論跡，但莫論心；論心自古難完人——人心豈究。
3. 不可鬥氣，當要爭氣；豈能使氣有志氣——氣發創業。
4. 武人學詩，能平心驕；文人習劍可除怯——怯難為雄。
5. 風月有情，容我先醉；江山無語看人忙——忙裏偷閒。
6. 名利欲念，填滿心坎；情義忘掉難人類——類有善惡。
7. 智愚貧富，貴賤賢佞；人類永遠難求同——同難進步。
8. 罪於德人，德人不罪；罪於佞人多是非——非人難德。
9. 不是閒人，怎能閒得；閒人豈是等閒人——人雄本仁。
10. 塵海途中，浮沉百味；人生道上徑有別——別分苦樂。
11. 心無物慾，乾坤平靜；書擁斗室堪謂仙——仙皆修道。
12. 昨日掌故，寫完入史；今天節目尚待明——明後始演。

13. 天高不鬥，地厚莫訟；和諧起點為息爭——爭強反弱。

14. 仇怨如虎，恨忌猶獅；傷害自己勝毀人——人本德恕。

15. 仰首夜空，默數寒星；轔轔戰馬憶征塵——塵不再揚。

16. 策馬湖山，縱橫疆場；踏遍塵海路八千——千紅萬紫。

在萬千條中，僅只提供以上十六則作為說明，當可探究語中之文涵。在每則前面之十五個字，分別各自成一語系。若適當增減，可為聯話——並非全是如此。如第5.則去掉——容。第9.則除掉——能。第15.則拿掉——默。第16.則抹掉——橫。其各則分別可讀為：

5. 風月有情我先醉；
江山無語看人忙。

9. 不是閒人怎閒得；
閒人豈是等閒人。

15. 仰首夜空數寒星；
轔轔戰馬憶征塵。

16. 策馬湖山縱疆場；
踏遍塵海路八千。

上面四則在破折號下之四個字：

5.忙裏偷閒。 15.塵不再揚。

9.人雄本愛。 16.千紅萬紫。

單讀固可，但本於正反合及起承轉合之句情，皆總合前意以圓融其語氣，不致有所偏頗離解之惑，讀者高明，何待贅言，自會領悟其內涵之所在。閱讀本書可勘破世態，透視物情，看破塵寰，善惡正邪底蘊，以轉化人性品格及性質，改變觀念，重估人生價值，不會再鑽入牛角尖，走向極端。語含敦厚，以溶化和融人性之美德，進而昂揚鬥志與情操，貢獻於社會人群。蓋國之文語，博美精宏，雍容優美，並非外文所能及之也。文詞巧用，復得一倒證。

四、由農業邁入工業而至太空時代，時間就是金錢，塵海中人們少有空閒讀看那些——之乎者也——深奧難懂之辭藻與夫長篇大論虛華之文白著作。本書句句落實，語語貼切，簡明扼要，令人看讀雖難如小說般之痛快和暢順——因其：「鱗羽霞落似雲飛，瑞雪紛飄處難猜，無論東北西南雨，悉皆塵海人文情。」但望看時心宜沉靜，玩味，悟徹，始明語中究竟。在每句段之十九個字，皆為世人之經驗恪痕累積以及閱讀體悟所涉及層面之心得，包涵萬象。絕非——連字遊戲——實乃運心力工字斟句酌之結晶。奈因著者學涵孤陋，為本乎益世勵人廣識之旨，凡可供世人怡情養性，翰墨潤懷，人文山水勝景，格致誠正修齊治平之話頭，做人之道，感世哲言，用世心語，待人接物，識人處世，友誼正邪，禍福成敗，得失榮辱，善惡迷悟人生，權術機謀，統御兵略，致德修業，保健常識，趣味諧語，生死認知，史跡典故，守宙浩空，天地陰陽，五行相生，性命福慧護修，聖賢仙佛之道，天道循環等等無不羅致潤飾，一則之得，誠非易事，看人挑擔、生孩怎難乎哉？

五、本書內容涵蓋廣泛，難為其詳細分類，概以——塵海微語——之點滴匯累成書，閱時自予領悟其意情以心屬之即可。絕不因未予分類而貶損其價值與涵意。事實上很難釐清其別屬，祇有請讀者心燈點明以判之——因拙閱讀時序以定先後——與之所至隨筆記之也。在千萬條中設苦重句乃校對之咎祈予恕諒可乎？五教聖人謂：至上之道，無分別執著心——就是天心——聖心——佛心——道心——慧心——但非人心斯謂之也，何必強予割分？

六、本書先出版第一至十冊，如未劃上人生休止符前，將陸續發行之十一——二十以至……等冊。惜乎智語，能量層次受制於學涵潛力之發揮與闡揚，恐難滿足飽學者之清覽，則非著者所悉矣。採用此種體裁與模式，甚望能獲得共鳴於世人？本乎野人獻曝之旨，難計工拙美醜也！肅請高明賢達不吝斧正是幸焉。

七、筆者附帶說明於讀者之前，本書之所以概採如此格調，緣以友誼窗情，魚雁往返，論於事物，因長篇大論之書札，不勝冗長之煩，用此簡扼話語，頗獲其贊同肯定，咸認為具有新穎創意，故而則引起興趣，始為之廣泛蒐集語慧，誘發心智，粗雅皆揀，文化於白，白化於雅，通俗為尚，本以｜「靈感來時午夜起，哲理悟得將筷停，報刊書中含禪味，躍身疾筆條句留。」增肥減肥，得看意境，張三李四，恕難其名，潤悟文情，伸縮詞句，多為生活體驗，印證人物，看讀誌情，中外古今語彙之化得，是為此書之寫實耳。蓋以天地之大，宇宙之闊，塵海賢俗之聖言，人類語慧之粹華，甚難羅網參透矣！惟盡其棉薄之微力，作為開啟迷惘點滴之參考，藉以洞明世事，開拓心扉，貫通靈竅，不為俗務糾纏困惑，未悉以為然乎？諒不見責於拙之班門弄斧云爾。設讀者看了本書之後，能化悲情為樂觀，化苦悶為歡喜，轉化人生理念，蛻變生活習

性，成為人心開悟導航指針，一卷在手悠遊林山，享受人生，洞明世事探究真偽心遨太空。進而若能：（堪謂：養性修身立世銘）

養天地浩然之正氣，法古今無缺之完人，守宇宙運轉之常經，行聖賢忠恕之大道，涵日月太虛之襟懷，立萬世不朽之德業，倡族教通婚之和平，完世界永久之大同，樹人群楷模之規範，揚孔孟做人之天良，立千秋景仰之勳功，著人類必讀之好書，研科技益世之發明，揚中華固有之文化，仁慈愛貧病之眾生，禮行人我間之應對，義協除害群之惡徒，廉取理該得之本份，恥無難是人之品格，錯不知悔改之友邪，練身心健康之體魄，享桃花源中之淨土，契天人合一之靈性。同時當懷：

大其心容天下之物，平其心論天下之事，虛其心究天下之學，潛其心明天下之理，定其心應天下之變，仁其心愛天下之人，博其心懷天下之情，誠其心交天下之友，廣其心恕天下之仇，寬其心收天下之才，慈其心憫天下之命，志其心立天下之言，恆其心讀天下之書，悟其心宣天下之道，美其心施天下之善，寂其心去天下之情，禪其心忘天下之紛，德其心存天人之性，亡其心靈回天之歸。此為做人德量要求之胸襟氣度與養身修性目標，當是著者衷心之所禱也。該立意似乎太過理想化，凡人就是凡人，欲使凡人化作不凡，豈是一朝一夕所能成之，無非抱著一點期待願供勉之而已。若世人之心本乎諒人恕人惠人愛人益世謙讓厚人薄己之美德，消失報復暴戾仇怨憎恨於無形，人人本乎仁德道義相處以誠，則社會祥和，爾敬我愛，禮儀之邦重現於中華，五千年來悠久歷史文化將弘揚於地球村內，族教通婚，而世界大同何能遠乎哉？香格里拉之田園人間樂土，可呈現眼前——阿們——阿彌陀佛。感謝天恩靈佑中華民族完成人類永久和平之願望樂見促早實現。

最後敬言特強調忠告者——（此地球上之人類科技文明遠比太空中其他星球科技文明要落後千百萬倍——燃燈古佛——宇宙大演正在儒宗聖教，奉旨著作大道叢書內載——在蓬萊桃園八德鄉——無極大道院）——人類時代進入科技文明，航天遨遊——銀河星空——地球變小，互動頻繁，易被物牽。利用電網炫惑害人害己、盜竊騙搶，失去理性，湮沒良知。但人永遠是人──懂得做人處世立業──萬不可受炫幻迷惑，為其役使。掌控事物，成敗非人，一切由己，并超越自我，彼此互協尊重，立於天地，創造貢獻福祉美化人生，發揮仁慈愛心，關懷世人，欲復人性體味世情，靜看此書，品嚐猶菜根譚味道乃人生智庫也。塵海微語──如封面冊數約二十冊──每冊合計二〇九八條。（每二冊合訂為一本）其每本具以松、竹、梅、蘭、福、祿、壽、禧、財及「神」之詩畫於「十個合訂本」之冊面上作為封頁。而心縱如此想，然「人生戲場，何時歇鑼?!」以臻於「十全十美」，酬報答天下讀者。是否如願償？待壽逾期頤矣！在此祝望人人看到「神冊」合訂本，進而能認知「萬象非有，唯善不空」，做人應本乎天良「行善」與「忘我」入於虛靈—神—之佛國淨土，亦是著者夢寐虔禱共勵共勉共成之也。阿彌陀佛—阿門—祈蒼天，護佑，善哉。

東海山人於蓬萊仙島—撰於台灣

韓振方 著

人生智庫 塵海微語

第三冊

中華民國乙酉年 國父誕辰於東海蓬萊仙島——台灣

●人的智能，加上力能；宇宙機關在心靈——靈心化神。

○塵世羈絆，難脫煩瑣；偶別繁華樂逍遙——遙想天空。

●山風撩衣，忘卻世俗；戶外詩情心必爽——爽快遨遊。

○天大挫折，檢討改進；目標方針不可變——變必阻志。

●言為心聲，行為心態；行立坐臥皆心靈——靈心攝動。

○木石含情，刻佛尤靈；塑造刀鑿見天心——心本佛性。

●藥分東西，性皆有長；人論窮富求健康——康安為先。

○淡中趣長，濃處味短；葷腥命少素食壽——壽至百歲。

●色慾菸酒，多足捐身；煩愁憂傷少命長——長保達觀。

○樂觀養生，悲觀傷神；有病身弱無病強——強化德業。

●富不棄仁，窮不易操；困不失節危看忠——忠不悖主。

○人秉剛毅，成業家立；生能在世慶平安——安享壽年。

●腎足骨強，肝實筋健；氣血飽滿體必壯——壯者人雄。

○物放異彩，妖象遍逞；人間災難將降臨——臨前警避。

●黃沙種田，海水煉金；生不老死人間世——世非幻夢。

○石頭織布，帛變人衣；石油鋼鐵取海中——中隔非遙。

●白雲伍游，禪心靜寂；春山秋水色不同——同許參修。

○冷看春風，別調人吹；涼夜游守煙塵濛——濛濛塵寰。

●古寺無燈，亮憑月照；山門不鎖待雲封——封心易悟。

○佛陀恩德，浩如大海；一念信心入佛門——門為信開。

●人常懺悔，自淨洗心；祈神罪赦佛難信——信非弗常。

○園亭雅聚，品茗論道；世路風霜苦人生——生短話長。

●天地正氣，氣由心養；古今完人人效法——法必聖雄。

○緣聚則生，緣散則滅；生滅緣起皆性空——空空則有。

●生死心病，莫忘祈禱；血肉身疾速延醫──醫人寒濕。

○梟雄固霸，難霸疾老；忠臣雖忠畏朝奸──奸不相容。

●佛國淨土，樓閣幢旛；異香蓮華妙法音──音美天樂。

○七寶蓮池，八德功水；極樂園中玄妙香──香音美神。

●春日固好，無間何賞；風雨雖猛豈阻窮──窮怕親友。

○莫阻三春，佳日流去；窮雖風雨故人來──來皆討債。

●物質生活，未有定則；精神享食看個人──人性得情。

○貧富貴賤，智愚愛憎；紅黃白黑數人種──種類不同。

●與名士酒，古今結緣；書與神仙難分解──解脫識明。

○大圓覺時，心即是佛；廣莊嚴處佛乃心──心本禪悟。

●萬古長存，莫過青山；千年不老活神仙──仙道人修。

○順情而生，到時必死；逆天以活人長存──存昭道機。

●機心不思，禍福旋轉；循環無端孰知止——止啟難休。

○容以成大，忍以濟事；以靜勝動非力尚——尚武固雄。

●功能克己，易勝別人；心猿制住稱英雄——雄先戰己。

○人間百態，往事黃粱；物換星移世無常——常在淨土。

●人具佛根，皆可成佛；物得靈性均能仙——仙道在修。

○躲過一劫，反省孽重；無枉災臨不怨天——天道至公。

●造物所忌，莫過盛名；名超實質有奇禍——禍起人忌。

○實至名歸，可得享久；徒擁虛名難坐實——實質望眾。

●覆貴為賤，天地反覆；反賤為貴世必亂——亂定人雄。

○五味生死，各有所主；順則相生逆相勝——勝以逆得。

●疏林掩映，田疇環繞；山岡隱處看溪流——流水淨心。

○是非論戰，難判當時；漁樵閒話評今昔——昔人長短。

●千山煙雲，萬里征塵；四海飄蕩緣寓身——身置無拘。

○世上萬計，走為上策；機心固多誠必高——高明得功。

●人謀生計，各本工技；塵世道路千萬條——條惡恥行。

○志發自我，絕不人奪；事經裁定守原則——則宜制宜。

●立場既明，各守分際；尊重他人宜圓融——融合事洽。

○偉人業成，必有賢助；事雖謀遠無眾難——難中得功。

●立身要道，先宜思儉；理家治事首重勤——勤能致富。

○無錢滋味，多含苦澀；有錢情調隨風飄——飄洋過海。

●人命固好，不如運佳；機緣造化靠自己——己立必雄。

○命運乖張，無庸恢心；諸善奉行多積德——德化命運。

●精神厭力，苦於工作；心情愁悶應化解——解必廣識。

○有益人群，雖罰亦善；利己損公皆謂惡——惡非善果。

●身強體健，心必快樂；識明達觀定福氣——氣流體暢。

○征塵未卸，俗事不了；甭想解脫入禪難——難得靜修。

●奇巧詐術，是為詭道；兵用則可豈治國——國立明正。

○權謀機變，是為邪道；制敵則可難正人——人本忠恕。

●欲正於人，宜正自身；想令於人先令己——己設人意。

○禍福伏機，端在心萌；因藏機善禍轉福——福果種禍。

●滾滾紅塵，芸芸眾生；婆娑世界萬種情——情牽難斷。

○天地穹蒼，大海茫茫；宇宙遼闊乾坤廣——廣柔無涯。

●在世為雄，勢掌主動；乘勢造勢看機才——才逞時人。

○穿過花叢，葉不沾身；人間淨土在寸心——心潔勝天。

●憂傷煩惱，困擾人生；甩掉一切看魚鳥——鳥魚無愁。

○毀掉英雄，莫過時間；老人皺紋怕光陰——陰儲年衰。

●積氣薰蒸，人腐五臟；淨化肚腹壽延年——年宜儉食。

○觸污及私，勢必反目；利害相得須互尊——尊人獲利。

●掀人瘡疤，百害無利；互相擷短非君子——子當尊人。

○命乖運蹇，不必喪志；精力質力以制化——化殃為祥。

●師導以成，不授失敗；培養毅力志必堅——堅必師力。

○統制人群，本於仁德；無愛御眾必獨裁——裁多於失。

●人治其事，必以法治；行非獨裁應立法——無法難久。

○人似淺草，堅忍站立；免遭踐踏必自強——雖微勿卑。

●洞明世情，處事之訣；煉達人情得益友——學淵必通。

○人行不端，如車離軌；暫得一時終傾覆——行端言正。

●罪犯羅網，織必法律；心惡良知為道德——德判無形。

○精神滿足，智求所願；奢望物資必愚頑——頑非物制。

●慾望本質，勤於學能；致於事業工具門——學以能用。

○人若有怨，道德融化；消溶其恨力無比——化怨為友。

●德必能容，慈必能愛；仁必能德待人群——非情則酷。

○變化先端，創造變化；因應新知變宜革——革必求新。

●剛柔動靜，陰陽變易；不變非道變莫測——測必制變。

○堅木易折，柔條難斷；剛強反敗柔多勝——勝於變理。

●不玩技巧，以拙為樸；人以拙進事拙成——成以拙樸。

○人非卓智，難燭機先；事變當前皆有機——制機未發。

●雨後色鮮，夜鍾聲清；寅夜靜讀心神明——機思於凝。

○花看半開，酒飲微醉；月圓固美但將殘——殘滿皆損。

●非分獲福，陷溺根源；人設釣餌非術德——思避遠禍。

○紛紜世間，矛盾叢生；去繁存靜心知安——靜思有得。

●人無友誼，其行必孤；性不合群心必獨——獨孤難勢。

○人性健忘，濃後必淡；事過境遷難念情——情深難忘。

●冷眼觀世，世必冷情；冷心察物物必明——明於心靜。

○良善家庭，育才溫床；不德人家蓄流氓——氓由己定。

●人各有志，豈能相強；事業途程各西東——東西業勤。

○化解宿怨，做人美德；互表悔意是英雄——雄不計人。

●領導以慈，改造頑劣；感化暴徒以仁德——德化於劣。

○以惡為友，絕沉黑暗；以善相交光明路——路在人走。

●優良習性，猶古森林；風霜歲月知幾許——善性必守。

○沒有風浪，難試毅力；人臨戰陣辨勇怯——不怯必勇。

●事無絕對，理無常理；情無常情世多變——變中求成。

○猛獸易服，難制人心；危事易做人難為——為必和誠。

●人遭大挫，明始成難；飽經世患達人情——情通於理。

○欲為陰謀，先調陽策；事不露陽陰難功——陽顯陰制。

●世本無常，盛衰難恃；寵辱不驚涵養深——不變制變。

○閒看庭前，花開花落；世間紛紜心無擾——悅情養性。

●理論見解，各有不同；意見立場看親疏——評心向背。

○冷情當事，如湯消雪；徹見其性達聖境——塵俗立破。

●慾有尊卑，爭無二致；人品高下看其慾——爭難論德。

○粗魯暴躁，人必疏狂；和藹慈善友愛門——門分善惡。

●探明心理，引發迎合；鎮定自己了解人——人協其人。

○俗難風雅，淡反勝濃；身置事中心宜靜——勿為事擾。

●慾生邪念，存靈退喧；富生多憂貴多險——避險存謙。

○心存失意，易制行傲；世變無極須靜觀——勿存狂態。

●一怒之激，烈炎如火；三寸之舌芒似劍——舌激宜緩。

○氣壓則爆，德壓則服；威壓則從權令行——疏以理性。

●飽諳世味，毀譽褒貶；任人於評自點頭——慵眼會情。

○人處逆境，粹勵卓絕；身置順途形易昂——昂不鄙狂。

●權富既得，不失快樂；得不安心難補償——償於補德。

○習性好壞，得自培養；性遠污染去惡習——習於定型。

●忘恩報怨，則非德人；善類則隱惡不疑——疑非寡善。

○冷眼觀人，冷耳聽言；冷情當息心思理——無冷不智。

●勿拘一理，不泥一智；融通圓滑事則諧——諧必有成。

○天語以雷，人語以言；鳥語蟲聲傳心訣——觸物會心。

●心靜體現，水清影明；天地萬物皆實像——胸空則靈。

○樂極生悲，味濃思素；事煩難靜求寂然——物極必反。

●知機則神，會道則明；識破事機通神明——掌握事竅。

○冷觀世事，忙中偷閒；從容入暇滋味長——觀物自得。

●去欲則樂，稱心則涼；人窮易遣愁難遣——不遣則苦。

○知富難貧，知貧則富；慾壑難填意難滿——知樂則樂。

●有事則靜，無事則動；心為動靜不為擾——心主以安。

○明害之情，忘利之慮；身居事中分秋毫——衡情度理。

●忍能守住，雲散氣消；事屈以耐必自在——境過則安。

○公不懷私，自然清高；廉不受賄易樹威——能正則明。

●清濁并包，善惡兼容；水潔無魚難撒網——大智若愚。

○慾疾可治，權病難醫；物礙易除利障難——勢難於義。

●退非為敗，進未必勝；進中有退退中進——交用則妙。

○勤補人拙，拙以勤功；勤於事學無拙言——無勤難成。

●私以忘念，公謁忠誠；處事以德盡其能──不懈於職。

○臨事有偽，不動聲色；覺詐不言意義長──得味無窮。

●困苦窮厄，鍛鍊身心；橫逆降臨豪傑爐──能忍必益。

○前程關鍵，宜慮後患；進退當衡利害權──權衡得失。

●親近善人，應知杜讒；剷除惡人密防禍──處置得宜。

○富貴炎涼，骨肉妒忌；冷暖世態甚貧賤──親恨於外。

●以德御才，有眾則服；恃才收德則狂妄──德為才主。

○冷眼觀物，其情則明；輕動肝腸易蒙蔽──身置旁觀。

●情急遭損，嚴厲生恨；事躁難白寬自明──縱化益頑。

○陷溺英雄，必於富貴；磨鍊豪傑以貧賤──禍福相因。

●搞客言詞，勝於儀秦；死能復活舌燦花──花言巧語。

○中和為福，偏激致害；謹言慎行德氣厚──厚德載物。

●人有其短，宜曲彌縫；暴以揚短必疾忿——忿必假恨。

○險不推心，傲無多言；勿暴其意遭不測——相處以誠。

●福因含禍，禍因含福；重疊涵涉福禍因——相反以成。

○聖傑哲理，務匡天地；謀濟人倫義除害——反經合謀。

●反經合道，拯人水火；化險為夷復歸一——大仁興利。

○厚待故交，意氣益新；禮遇衰朽敬當隆——故舊情長。

●施以人恩，先薄漸厚；樹威於先嚴後寬——忘惠怨酷。

○貴以人奉，畏其有權；賤以人污侮無勢——冷暖世情。

●同情之道，當有分寸；惹禍上身罪難洗——慎必於始。

○欲成大事，固爭百年；成於一時亦千秋——握機得時。

●捷足先得，後至向隅；事貴神速難久等——其疾如風。

○決而不猶，疾不掩耳；赴之若驚用若狂——當之則敗。

●戰勝固易，防敗則難；創業艱難守非易——善守勝攻。

○勝者非勝，在於慮亡；樂者非樂在殃病——當慮難守。

●一旦成功，食果忘初；成果毀困皆由生——功在於得。

○測心深厚，妙能自照；機變通達多能契——通陰明機。

●聰明叡智，神武不殺；通天變術眾宜從——陰符機點。

○謀事以陰，用事以陽；行事制道在隱匿——非用以德。

●聖豪成業，方用以五；陰陽德賊與信誠——藏遷平素。

○謀事於陰，故通於神；成之於陽達以明——智亂則迷。

●突變易察，漸變難覺；事物變化循規律——預防突變。

○風水流轉，盛衰循環；不用驕狂何灰心——待機以發。

●陰陽互變，彼此消長；循環調和愛恨生——持盈保泰。

○喜久生厭，厭生於喜；相機轉變握利機——勿操於急。

●質高量寡，寡不敵眾；眾無其質不成力——質控於眾。

○強調理論，接受觀念；眾志成城易反掌——行動一致。

●人舞於世，扮演角色；個人戲路當盱衡——量權以為。

○傲於外表，怯於內心；人無驕氣心何怯——無傲氣平。

●人物本身，原無價值；高貴卑賤在運用——因物適材。

○事有正反，兼顧正反；智慧完整知進退——其效必圓。

●覆貴為賤，反賤為貴；天地反覆機無常——因反為正。

○恩以害生，害以恩生；樹恩於人反生害——相反相用。

●處世方圓，待人寬厚；治方亂圓方圓用——用仁以德。

○功不忘過，怨不忘恩；忘功則可豈忘過——忘恩非人。

●惡人有智，適以濟惡；善人有智以濟眾——智用以德。

○成不為喜，敗不為悲；褒毀情緒不愁城——量以容人。

●人失於教，先智不足；意志城防失培養——難抗誹謗。

○陰惡於大，顯善於小；惡畏人知有善路——知善則惡。

●好了瘡疤，多忘了疼；事非體傷難痛心——心體相連。

○新舊無怨，立場超然；事處以公眾皆服——服多才德。

●養浩然氣，頂天立地；讀有用書以濟世——世人服德。

○人無城府，心除宿怨；坦率憨直性本善——善必無惡。

●兩手握石，力擊腹背；側撞敲臀完工呼——呼畢復吸。

○大無不包，小無不納；視而不見搏不得——得難悉道。

●道本清靈，使光隨明；捨事觀空破妄念——念起煩惹。

○一念不生，性見真空；空無所空心命立——立於幻滅。

●心得定易，覺諸塵漏；宿疾普銷身輕爽——爽心道明。

○填補天損，不生復命；延數千歲名仙人——人得壽長。

●九品蓮華，是為父母；花開見佛悟無生——生修得往。

○願為弟子，十念法門；永伴菩薩遨虛空——空不異色。

●手握巨筆，橫掃千軍；豈慕人家不世勳——勳由筆得。

○河山再造，雄心無限；腕底風雲看當今——今朝稱霸。

●搞好人際，樹立關係；形像不壞易建業——業由自為。

○心理平衡，以識開示；治事障礙用科學——學宜豐富。

●事本和諧，不能對立；人秉中庸捨偏激——激非極端。

○指直人心，見性成佛；不立文字教外傳——傳於禪法。

●日月運轉，天長地久；事物變化皆無常——常須修持。

○香茗代醪，書潤肚腸；瘦字題石詩寒道——道歸自然。

●峽谷留風，終夜徹響；亂山銜月半床明——明月千秋。

○人生在世，結有莫逆；心知交往共時艱——艱苦共業。

●妖童艷妓，絃索笙歌；佳肴美酒心如枯——不枯難安。

○寒夜客來，以茶當酒；論書觀畫話古今——今古奇談。

●煦風烹酒，月夜論情；不言榮利捨是非——非常開心。

○心如止水，半靜無波；身猶泰山風難動——動非八風。

●人如從容，心閒體靜；事若從容處必當——當慮緩急。

○處於市塵，性急心狹；住於山野多樸情——情化林園。

●陀佛慈光，照耀世間；清涼法水潤群生——生宜佛化。

○菩薩慈悲，災劫化塵；西方淨土誓願往——往伴伍佛。

●千古聖雄，孰免於死；萬般事物虛幻生——生悟非迷。

○延醫療身，先自療心；請人看病應知因——因明在己。

●貪嗔癡愛，一切放下；是非人我皆宜忘——忘必無憂。

○天道無常，人情反覆；世態炎涼現實多——多用熱暖。

●阿房宮冷，夜月烏江；銅雀臺上草頭霜——霜降雄滅。

○謫在紅塵，當曉遊戲；擊開滄海明逍遙——遙控人生。

●富貴貧賤，知足和樂；山水花竹看得閒——閒必能賞。

○得於富貴，多競名利；處於貧賤爭饑寒——寒無必奮。

●居家人情，非錢不行；相處交往必以禮——禮去情來。

○楊柳不隨，春風老去；貞松唯有歲寒知——知患得友。

●面心無瞋，人生難價；口中無瞋出妙香——香風十里。

○佛顏莞爾，眾生皆歡；慈祥心悲人必喜——喜必人聚。

●佛陀法水，洒遍人間；滌盡娑婆世上塵——塵染必污。

○信解微妙，徹悟法理；心本清淨皆平等——等量齊觀。

●未明佛道，先結佛緣；探曉佛理沾法益——益世益身。

○三十三天，天外有天；九霄雲外有神仙——仙由凡作。

●得失毀譽，成敗苦樂；心理平衡風不動——動必苦多。

○佛在靈山，不必遠求；山在心頭塔下修——修持在人。

●人經苦痛，始體甜味；事得容易不知難——難中明樂。

○平淡人生，謂甜亦苦；坎坷歷煉苦亦甜——甜裏知苦。

●山深海深，愛情更深；天老地老人不老——老當益壯。

○處世從容，必有餘味；為人從容有餘年——年壽益長。

●以退為進，以無為有；以空為樂眾為我——我極眾生。

○成就如深，以平等忍；增長似空大慧心——心靈快樂。

●常樂柔和，忍辱為法；安住慈悲喜捨中——中心必歡。

○檀越所求，皆稱如意；消災集福得安寧——寧必人願。

●竹密豈妨，流水通過；山高不礙白雲飛——飛向天外。

○紅塵白浪，兩皆茫茫；在世勤修入天堂——堂中淨土。

●人生在世，處事接物；忍辱柔和是妙方—方由自悟。

○到處隨緣，人延歲月；言行安分壽命長—長賴守法。

●四季春天，皆無愁事；人在世間樂陶陶—陶然度日。

○嗜歌善舞，旨娛身心；常習工夫體必強—強無邪念。

●行為坦蕩，胸襟開闊；心無邪念做人正—正己正人。

○行動猥瑣，心必有邪；人秉磊落必坦蕩—蕩蕩人雄。

●達須拯世，以仁慈心；微應潛居身宜潔—潔身奮發。

○欣賞缺短，接納優點；萬般煩愁皆可消—消必得樂。

●立於塵世，遠別名利；人間桃源遍地生—生本快樂。

○以鏡自照，常現於美；以鏡照人多呈醜—醜化於美。

●樂由心起，藝由心造；美由心賞皆在心—心宰天地。

○把心放平，勿鄙人業；將眼俯視皆為生—生在法內。

●探人於微，可明其心；用情能感必動性——性隨情移。

○成敗生死，不為預計；毀譽得失宜相忘——忘必以愁。

●青山不老，因雪白頭；綠水無憂風皺面——面顏常春。

○今朝有酒，今朝宜飲；昨夜星辰昨夜風——風無牽掛。

●親友固貧，情誼不疏；身窮格高眾必欽——欽人獨立。

○官僚民刁，國必難治；兵驕商奸世危亂——亂落心噁。

●氣質獨特，魅力睿智；社會試煉宜純青——青出於藍。

○易暴其氣，難以持志；行敏於事口慎言——言符於境。

●福隨心來，壽化山齊；樂同情悅身永壯——壯必人強。

○發揮人才，拉住伙伴；是非分明內外清——清白公私。

●君子作風，難容於眾；佞人行徑常得逞——逞志無邪。

○利害衝突，釣暗明角；權祿在握必爭鬥——鬥止必敗。

●一片慈祥，無限愛心；春風化雨是蔣公——公恩台灣。

○仁恕孔子，博愛基督；慈悲佛陀蔣公身——身化同胞。

●一代偉人，安厝桃園；英靈長伴復興山——山高水長。

○清靜幽曠，鍾靈毓秀；復興聖地在慈湖——湖鄉風光。

●豪邁曠達，氣概萬千；胸壑開闊天地遠——遠必人雄。

○紅花綠樹，碧草如茵；湖山春色人銷魂——魂遊夢中。

●江南草長，群鶯飛舞；事如春夢了無痕——痕生難夢。

○民六十四，四月五日；晝晴夜雨慧星落——落淚民傷。

●民前廿四，十月卅一；拯世救星降人間——間由蔣承。

○其介如石，大中至正；蔣公降世化萬民——民皆感德。

●佛魔并存，忠奸同槽；正邪相斥問人世——人容互寧。

○機器奇妙，莫過人體；結構複雜神難知——知源天賦。

●互讓一步，海闊天空；事能容忍天下平——平必無爭。

○千金易得，歡樂難求；平安即福歲月清——清白持家。

●重巒疊瀑，谷外松濤；林壑幽深溪澗明——明谷山清。

○欲聖成賢，多明儒學；想神與仙禪佛究——佛法無邊。

●阿彌陀佛，萬德洪名；壽光慈慧無量福——福音遍地。

○佛法修行，超逾三界；欲界色界無色界——界有難修。

●佛口蛇心，呈現人偽；消業種福諸善行——行惡得殃。

○生本剎那，變異無常；佛與眾生看悟迷——迷無必佛。

●人處淨地，邪魔不入；身具佛性樂聞法——法潤心扉。

○一心參佛，丟掉凡俗；世物無常皆幻滅——滅非明佛。

●心包太虛，量含清濁；胸襟拓開容宇宙——宙明天地。

○英雄高僧，互相輝映；禪師名將千載傳——傳於佛法。

●松風煮茗，竹雨談詩；荷塘話情論梅寒——梅經霜豔。

○施捨吝貪，須瞋忍辱；般若飛無必難智——智捨無戀。

●儉言養神，儉食淨身；儉色壯腎精氣足——足必人健。

○山川靈秀，草石含情；林園花鳥娛人心——心色太靈。

●荒山犁牛，如顛似醉；歸來牧童語唱歌——歌聲喨嘹。

○風霜歷盡，傲骨當存；天地間正氣長留——間兩乾坤。

●寶劍鋒鏑，仞磨難銳；梅花香豔苦寒來——來必樂隨。

○西方法船，無色無相；買票難去念佛乘——乘自心來。

●世人不悟，有佛難度；一性無修法豈明——明須苦鍊。

○性能養氣，會養無氣；善於用氣無暴氣——氣戾危身。

●放蕩不羈，流氓行徑；鬥狠耍賴階下囚——囚因兇殘。

○人尊人貴，人輕人賤；人大人鄙人恕人——人低人高。

●直腰胸挺，腎臟舒展；身勤活動腿增力——力筋長強。

○佛心不遠，性海非遙；但問己求莫他覓——覓得不真。

●貪看明月，失卻掌珠；靈山性海在心頭——頭腦須清。

○戰場逐鹿，戎馬歲月；思去解甲覓靜緣——心要了悟。

●池塘人靜，映影顯水；風露曉涼香勝花——花紅柳綠。

○山觀形色，去遠必有；聽水流聲心近無——無限山色。

●志功報國，慷慨從戎；肝膽心赤揚威烈——烈士留名。

○遠山觀色，竟先含有；近水聽聲心靜無——無空含有。

●山觀無色，意有必遠；水聽有聲人近無——無限煙雲。

○人到無念，生死自息；水清月現禪自明——明必心悟。

●深山結茅，鬧市練心；水邊林下養聖胎——胎以淨化。

○心念停止，一片清明；三昧機緣好珍惜——惜人不悟。

●點子宜多，方法宜精；做人宜實心宜明——明正辯偽。

○結廬人間，車馬無喧；識友天下覓知音——音通氣爽。

●淡足養心，不淡皆濃；動可養身動則活——活筋體靈。

○上善若水，水善潤物；名利不爭少怨尤——尤物必害。

●妾固然美，不如妻賢；人雖錢多遜境順——順非錢買。

○鹽多血高，糖多臟弱；鉀以剋鈉吃菜果——果汁養身。

●處世忠厚，為事勤儉；待人敬愛平凡心——心正識明。

○朝迎晨曦，晚迎霞陽；空山禪暇伴經讀——讀悟於心。

●萬緣放下，單提佛號；蓮華化生大自在——在無所苦。

○世本無常，執著必苦；人能看破易往西——西方極樂。

●一心稱名，無不懈危；誓願宏深觀世音——音聞菩薩。

○中華兒女，龍的傳人；民國統一傳萬年——年年富強。

●貧賤雖苦，善理必樂；富貴固樂妄處苦——苦樂相循。

○恩裏有怨，得意回頭；敗中求成勿逆收——收必永餒。

●家縱貧窮，仍宜勤讀；人雖富貴不忘耕——耕讀可久。

○養身在動，不動體僵；養心在靜靜則安——安然寂空。

●創痛心靈，重新拾起；人雖跌倒不氣餒——餒志難為。

○生是偶然，死為必然；世上萬物皆當然——然後看修。

●拯人急危，善可當百；坦夷應世心孚萬——萬不可邪。

○人善治心，百節皆安；心若不寧煩擾亂——亂必難事。

●學術事功，言以名世；立德建業後人崇——崇必格高。

○相由心生，貌隨心變；慈眉善目心必祥——祥和氣柔。

●暫持聖號，勝捨百年；心發大願超歷劫——劫無必往。

○栽菩提種，耕念佛犁；乘大願船入淨海——海渡慈航。

●眾生有感，彌陀必應；人能發願佛樂收——收入其國。

○八十億劫，生死重罪；阿彌陀佛可消滅——滅劫常念。

●眾生未病，吾當先病；我病眾生病亦痊——痊後向佛。

○身中有病，先問五臟；體內無染疾何來——來必有因。

●病魔欲來，必有徵候；五臟不腐靠爬山——山淨氣潔。

○天地無私，生死循環；人到盡年自然終——終宜物化。

●生不有疾，死無病纏；來去不苦看人修——修必明佛。

○生死洒脫，唯有明教；人屆大限多戀世——世上情纏。

●人間淨土，皆由心造；佛國極樂惟在修——修必得往。

○善分真假，惡有好壞；濟世媚世看人為——為善神知。

●欲入佛門，首在佈施；內捨六根并六塵——塵去必淨。

○生牛剝皮，死龜脫殼；神欲離身去體難——難不念佛。

●生聞佛名，願心往生；死待佛引去西方——方到淨土。

○生能念佛，貴在臨終；死有助念易往西——西方極樂。

●位於聖賢，無非化人；得於英豪在拯黎——黎民感德。

○萬般固善，無病最好；一切雖忤怕體疾——疾生志短。

●人生萬好，莫如身手；一世光陰在少年——年華易逝。

○遍體舒暢，樂傲神仙；創業立功在身強——強化於志。

●憂以天下，樂以天下；放眼乾坤看時局——局勢宜明。

○德足潤身，仍須多積；書能養性宜勤讀——讀至終止。

●艱危困阨，世皆恆有；志立自強必突破——機非人造。

○風篁鳴笛，流水當琴；雲雨敲松聽絃樂——樂聲柔揚。

●家道固哀，禮法應飭；門祚雖簿志愈堅——堅貞志節。

○月夜風清，海上鷗波；自雲藍天洗塵勞——勞無心樂。

●行不及跌，語不及妄；飲不及亂色本情——情生於時。

○清靜恭敬，莊嚴肅穆；潔身禮佛在心淨——淨體必得。

●人罪彌天，知悔便消；執迷不悟罪加等——等身受苦。

○周有明珠，宜作人室；穎異敏慧麗質生——生性善良。

●天堂地獄，皆由己造；人我一念心法妙——妙分雲垠。

○浪潮千尺，生於愛河；海波萬重苦無邊——邊淺念佛。

●言出如箭，不可亂發；一入人耳矢難拔——拔有傷痕。

○苦言人益，苦味身養；苦錢言久苦得恆——恆心必成。

●花若有情，應解笑語；人如清高多鄙貪——貪不妄得。

○庭院花香，心閒養情；門前山景看溪流——流泉飛瀑。

●廉若言貪，其廉難立；勤如論苦勤難功——功戰有價。

○人多讀書，氣質美化；藝術生活宜廣遊——遊化於學。

●人美無德，靈表於污；事好隱惡難謂善——善分陰陽。

○事能洒脫，千金難買；人若看開無愁苦——苦多自尋。

●紅塵萬丈，俗事千種；生不悟解苦纏身——身置局外。

○世事靜觀，當知曲折；友經甘苦見交情——情守於義。

●和風春風，有道必至；靜山流水仙人懷——懷中萬壑。

○一句彌陀，成佛一半；十念功成頓超劫——劫消往生。

●撫掌合十，萬念歸一；菩提慈悲照蒼生——生具佛性。

○法海悠遊，常渡有緣；大度能容忘歲月——月淨光潔。

●莽莽神州，悠悠大陸；放眼世界看中國——國中有國。

○一點意念，萬般情縷；初萌愫懷動人心——心神相印。

●慈悲念起，可立百福；一善門啟能積德——德人心為。

○天欲禍人，以微福驕；天欲福人以禍儆——儆先明救。

●絕人逃世，難謂入世；動心涉世豈出世——世本道心。

○經世事業，肩有擔當；出世襟懷心擺脫——脫骨化俗。

●生不荒唐，死不糊塗；百年歲月宜巧排——排難定表。

○禍福降臨，多由自取；善分惡分影隨形——形影自明。

●書讀終極，做人與事；面對時勢智慧明——明於處理。

○委人診斷，自己檢討；尋出優劣好擬策——策勵來茲。

●閒宜讀書，精選好書；心雅植花潤性情——情種於逸。

○隱於高山，凝結淑氣；處於深宅養靈根——根固宜穩。

●氣爆聲亢，反擊惡必；柔言細語人易聽——聽音變應。

○聖凡同源，凡聖同基；基源旋和向天鬥——鬥凡入聖。

●神由人煉，人為靈基；聖為人修皆平等——等您神聖。

○才能肆應，業必可立；識苦洞達事必通——通情人際。

●智辯無礙，口必伶俐；人能適境心本和──和以致眾。

○通情裏面，滲點熱力；隨緣人和須有誠──誠以待人。

●民族聖戰，犧牲千萬；曰本敗降德報怨──怨消仁懷。

○演講說話，激徐抑揚；有條不紋言情理──理服人眾。

●寶劍銳鋒，光由磨鍊；梅花香艷苦寒來──來因經霜。

○劍鋒星灑，滿天花雨；變幻舞影出神化──化人於道。

●煉形為氣，名曰真人；煉氣成神謂神人──人神合一。

○煉神合道，名為至人；煉若得悟隨候明──明慧圓通。

●心與神合，火不炎上；腎水不下氣相交──交於泥丸。

○復由重樓，降下丹田；久久灌注脈流通──通皆病除。

●阻無歸竅，神與氣合；馭無持守道必得──得於自煉。

○真常大道，悟者自得；能悟於明常清靜──靜無濁心。

●迷的是心，念執我相；悟的是心無我相——相有難悟。

○淨心無我，我即佛心；淨心有我是眾生——生心於淨。

●佛無心道，道無意佛；佛道同根一葉明——明白心佛。

○心捨舊怨，修好必善；重念宿隙難銷惡——惡有牆阻。

●處於天地，心容萬物；居於斗室化古今——無今難古。

○愛打不平，固為善舉；俠義闖禍不應該——該以法平。

●護善懲惡，人生當為；欺軟怕硬人不恥——恥無正義。

○仁潤於心，無潤難德；愛化於人不愛恨——恨多必傷。

●讀書到家，文章必好；學問深時意氣平——平因涵養。

○海上遺民，皆秉精忠；漢家兒女不屈節——節無人鄙。

●敵人之敵，多用必強；壯大自己必反用——反明向背。

○一江靜水，浴我塵垢；滿山朗月照性靈——靈必光輝。

●小人反覆，君子守常；德人信誠倿人妄——妄必小人。

○人老不嘆，難謂虛度；生死無悲必明哲——哲明無悲。

●旅行途中，如遇阻礙；失去方向枉為人——人當勇越。

○勤儉持家，天必賜福；忠孝教子國必興——興必中華。

●人以孝友，子弟必法；家求平安福必降——降必家安。

○身為子民，當以國家；處於亂世忠為先——先於愛國。

●創傷之極，易作狂嘯；悟明世情必達觀——觀透物理。

○老虎屁股，怎敢亂摸；獅豹頭頂難下手——動必命危。

●廣交於誼，擇友深結；統於人際戰必贏——贏於友誼。

○一頂高帽，妙用無窮；洞明個性巧施得——得於事濟。

●勝家輸家，未結難評；人生勝負非歿前——多爭未死。

○總結人生，多是輸家；悟明榮辱必家贏——贏於無憂。

●爭強鬥狠，逞氣一時；橫霸無理人必鄙——鄙其無賴。

○情不言喻，其情必深；久期世後知必明——明必人欽。

●人活於世，籌應人際；言與沉默看分寸——超情必非。

○該笑不笑，人情冷酷；不應而笑示輕浮——浮必粗俗。

●沉不沉默，看人智慧；發不發言定當時——時在視情。

○國家興亡，當視己任；個人生死置度外——非外必死。

●遭際固苦，不折有志；敵人縱狠心難敗——敗無決心。

○生於磊落，死於乾淨；人不怕死必定生——生非於辱。

●苦中之苦，當堅心志；人上之人必福眾——眾欽抱負。

○私字當頭，禍亂之源；公化為愛和平生——生本義理。

●人類紛爭，源於利私；世界大同本眾公——公於天下。

○人世學問，皆源體驗；雄豪勳業起立基——基固必起。

●風浪險猛，信心必過；障礙固大有勇越——越必氣壯。

○人處逆境，抱負不變；臨危受命敢擔當——不當必怯。

●人謂讕言，是條毒蛇；蛇生翅膀能爬飛——飛必人傷。

○周郎公瑾，蓋世雄豪；千古流芳稱人傑——傑於因時。

●以戰逼和，以和飾戰；權謀智術變無窮——窮必致敵。

○錦繡河山，雄偉壯麗；祖國蒙塵孤臣羞——羞必志復。

●做人不順，悖理人鄙；練體不逆無以強——不強必衰。

○人形百態，性貌殊一；黃白紅黑分世界——界化大同。

●做賊心虛，為惡膽怯；行邪不正心難安——不安必躁。

○山伯愛美，英台相許；莞爾百媚草驚飛——飛上雲端。

●食怕損胃，飽懼傷腸；腸胃無疾病少生——生不損傷。

○寧可少食，不可多飽；飽脹易疾少無病——病必因多。

●待於君子，雖慢非罪；處於小人德亦咎——性有曠窄。

○天崩地裂，人民遭殃；魔王受懲魂歸陰——陰曹難容。

●周公作禮，志在統緒；華夏重光垂千秋——秋水天長。

○權位財勢，靠必人恥；學能德格有必榮——榮必創業。

●幸災樂禍，非人天性；濟弱抑強做人德——德人必福。

○人勤於事，世無難為；百忍堂中必泰和——和必人貴。

●星際核武，穿梭飛躍；太空污染世浩劫——不劫必德。

○品以立世，德以做人；潔以淨身靈無污——不污難劫。

●楚水燕山，長城萬里；寶島縱美非故鄉——鄉中水美。

○能居中土，前世必德；生而為人德更德——德必身修。

●道通天地，清靜無為；德貫古今化世間——化必於胡。

○蛇被凍殭，心慈懷暖；蘇醒反咬毒發死——死不明性。

●兩袖清風，一庭好月；靜憶此生無愧人——人必廉明。

○看戲聽戲，連台好戲；置身戲外明玄機——機必分辨。

●世如舞台，人生若戲；文爭武戰淨旦丑——演法不同。

○一場春夢，夢多必幻；千古人情情須真——真事得人。

●冷藥熱藥，皆是妙藥；遍地炎涼用德醫——醫人冷酷。

○名場利場，都當戲場；富貴貧賤要看開——開心必壽。

●聖賢面孔，非倿心腸；豪傑氣概名士風——風情萬態。

○布衣稱雄，緣於際會；英豪落敗目必妄——不妄得情。

●悲歡離合，喜怒哀樂；人於世上皆自明——明於客觀。

○清風明月，木石靈氣；蘭花香遍曉山莊——莊上清淨。

●妄念一生，萬緣俱集；真性顯見萬事空——空必無色。

○精滿不漏，氣足不食；神充不疲純陽氣——氣滿丹成。

●心存正氣，性養浩然；無私至一本忠義——義扶於公。

○心具佛性，爾我皆備；覺頑化迷見如來——來必悟真。

●氣靜清陽，輕升於天；心動濁陰墜於地——地獄天堂。

○心絕塵緣，易見本性；無陰純陽丹必成——成於脫升。

●凡夫俗子，性濁且昏；聖賢英豪心清明——於明慧心。

○水止自清，鏡磨必明；妄念生煩愁苦多——多必不悟。

●靈谷智光，明照於世；出入塵寰心極眾——眾生多私。

○罪大於天，難敵一悔；功過於人不敵驕——驕必妄尊。

●飽讀詩書，論理必豐；英豪評事常喻故——故事醒人。

○逆來順受，邪臨正對；剛以柔應清洗濁——以誠制術。

●魚離水死，人背道亡；水以養魚道潤人——人生道中。

○情緣不了，難明真道；逆情潛修易成仙——仙情順人。

●心本寧靜，力難動移；殘酷摧撞安勿傾——不為志屈。

○任何褒貶，豈介於心；行本所志向前進——自強不息。

●全心全意，鬥志不懈；煥發有為創新猷——才堪任重。

○人窮於財，不窮於志；志窮於人非英雄——將相無種。

●經驗獲取，得於工作；他山之石可攻錯——錯假於人。

○憎恨別人，無益於己；容恕於人常獲情——恨消於情。

●人世死前，唯有一別；江山從古不宜秋——秋水天長。

○傷害天理，短於道德；悖德用術非人為——為不惡德。

●為非可悲，生不為邪；勿操於人當本德——德死安息。

○人行無恥，追逐腐臭；雖敏嗅覺難美食——絕緣於德。

●良知掩蔽，難於助人；罪惡滿盈無善手——恐難脫罪。

○傲慢偏激，短於學養；鶴立雞群孤獨僻——僻難立業。

●夫榮於妻，妻悅於室；光輝榮耀歡樂家——家必幸福。

○模範於妻，顧問於夫；患難相隨互歡唱——定成於業。

●妻之嘵舌，撞禍之源；散播是非芳鄰煩——賢妻則福。

○人立於世，奮於戰鬥；熬於風霜事易成——成於試煉。

●語言輕率，養謗溫床；罪友敗德舌禍根——輕言必污。

○人生信仰，如舵之舟；茫茫大海不逐流——流方不變。

●憑信前進，戰勝世界；遭遇危險不變心——前程光明。

○非經奮戰，獲難突破；堅守信念終可成——成付代價。

●從事戰鬥，獲致試煉；增強信念必敗敵——得勝不驕。

○緊要關頭，豈容躊躇；統觀大局棄私情——私不害公。

●人立於世，行殘暴仁；臨危絕陷悲苦中——責於良知。

○人遭厄困，伸出援手；袖手旁觀非親友——本義情助。

●良知之債，抱憾終身；清除治療多懺悔——悔必補過。

○深思熟慮，非關杞憂；未雨綢繆防未然——謀之於遠。

●江湖永憶，終歸白髮；花葉欲書朝雲寫——寫當切情。

○文章千古，事業永垂；江山萬里心長春——春情永在。

●理虧氣壯，其人可悲；人不通理事難為——為通理性。

○以慈為主，以愛為心；慈愛以德御群倫——無慈難德。

●人本五空，壽命必增；腦心眼腹室常淨——淨可養身。

○贈人一語，啟迪人生；賜人一錢暫解渴——益於久暫。

●成敗之機，在於智決；得於勢才功可成——守勢展才。

○善用人意，取捨以己；親疏遠近不由人——以客變主。

●人生於世，唯有奮鬥；前進不懈靠毅力——坐享必敗。

○得勢展智，智以握機；機不才具徒有勢——無才難機。

●人具信實，發展支柱；潛力無限非曰成——成於學功。

○喜從悲來，樂自苦生；植苦種子快樂芽——苦必知甜。

●友如良師，感染薰陶；補心智慧勵志節——惡如毒藥。

○做人道理，先本禮義；處事規章以廉恥——無恥難義。

●真正幸福，絕非口腹；心靈安暢性情怡——怡於體強。

○知足常足，終身不辱；知止常止身不恥——知恥難辱。

●腦力開發，礦源無窮；窮於用腦智必明——明於心慧。

○聖智不測，陰柔濟人；神以化明世難縛——縛非難聖。

●動靜得宜，出入無礙；處於喧寂無喧寂——適應自然。

○躁極則昏，靜極則明；昏明頓異靜躁分——除躁求靜。

●於人性中，私與同情；別於道德尊嚴中——有私難美。

○人性愛好，每事逞強；心愛激動難寧靜——易招敗禍。

● 盛名之下，難以久居；強若不誇豈惹禍——明悟收功。

○ 貧以慕富，貴常有危；良返之理當自明——明於去就。

● 假人力勢，達易事功；因人成事不費力——力於巧妙。

○ 盛衰興落，困時求變；花開榮枯境不同——知以用時。

● 事由人行，人受心動；掌握心性用其人——利除於害。

○ 虛可擊實，實難擊虛；實明虛暗難捉摸——虛勝於實。

● 謀事宜慎，見事宜明；處事宜公任事勇——胸襟坦蕩。

○ 難使智健，動使身強；困知以學心慧明——不為勤怠。

● 人際之友，形色複雜；善惡異變利害多——損以轉益。

○ 面對舊友，多言溫情；關懷慰藉義氣濃——人非草木。

● 無求於人，其言必介；有望於人語必甜——知應以對。

○ 上下易處，左右難纏；事理不明易招怨——怨以情結。

●成敗於人，難下定論；英雄字典不言敗——敗不氣餒。

○失之於事，敗之於人；一時昧察終身憾——明察事人。

●人敗於事，莫失於人；他山之石當借鏡——鏡照人我。

○聰明之人，人失勵己；愚人以身當其鋒——聰不於愚。

●人際之間，友於普通；深厚複雜皆稱誼——益損當明。

○生以相交，死以相結；生死情誼數十年——相共始終。

●兼顧情理，不昧於法；機敏明斷言莊重——重宜論事。

○聰明睿智，守必以愚；功高位顯守以讓——不表其能。

●勇力功技，守必以怯；富而有勢守以謙——內蓄以德。

○心存不滿，表情則異；精於觀察便分明——當解其結。

●以酒相結，諱言利害；深具微妙別用心——心存不規。

○計發高明，受者昧察；人謀固精承難甘——援例必敗。

●新友誠交，舊友宜敬；昧於老友新難結——結於異地。

○計害於人，損友傷情；損人利己終害身——以德行事。

●陌生相見，握手點頭；禍福利害難相關——關必俠義。

○疏往神交，心存於影；急難相求慨然諾——諾必浩然。

●三五結夥，吃喝玩樂；如膠似漆反目仇——市井酒肉。

○稱兄道弟，狀似親熱；口雖奉承心存忌——似友實敵。

●虛語假意，暗存妒恨；面示良善勝於敵——奪命之友。

○益以三友，損以三友；友直友諒友多聞——反必以損。

●理智觀察，非情用事；偏辟善柔與妄佞——是友宜審。

○交友以義，義必忠誠；以信與仁始論友——言必踐履。

●人生於世，必假友協；友誼明亮似陽光——助友以力。

○意氣相投，患難與共；禍福同享情誼深——刎頸以交。

●巧言難肅，肅言必莊；以巧取人非仁德──德符言行。

○委曲貪瞋，人難正直；棄曲從直人光明──曲中求直。

●人不自私，則天以明；心固有私不損人──以德致取。

○得若以暴，毀必以暴；暴成一時毀必久──無暴不敗。

●人不通理，強以為是；昧理不明難與謀──謀不於愚。

○賢明之主，不辱於士；聖德之君必愛才──才不愚使。

●雄以能文，逞業一時；德以載業文以遠──道載以文。

○工業社會，敏感善變；農業時代多保守──守以信義。

●追名逐利，運心鬥計；爾虞我詐用其極──利害相結。

○友誼相交，推心置腹；肝膽相照友誼摯──本於道義。

●為生而搏，非死不解；生死相鬥是人生──生本浩然。

○外奸不畏，內奸可惡；吃李助王裏外應──應除不敗。

●苦莫於敗，愁難於解；憂莫於事無希望──勿亡氣餒。

○行事以威，治事以德；處事以明察細微──勤以治事。

●以文會友，以藝結交；人各有嗜投其好──非交利害。

○心靈亮麗，濟世胸懷；悲天憫人非矯揉──發揮人性。

●人好以表，智蓄其裏；明暗美醜內心明──明心無惡。

○死固當然，活難相伴；陰陽阻隔兩界明──明以重生。

●旌旗高舉，必以公義；罪惡羞辱人類恥──恥為不罪。

○信仰於人，航行有舵；大海茫茫方向穩──得明真理。

●亂世雄主，治世能傑；不治人傑焉能主──主德以才。

○大道雖平，但以人為；創業歷程無坦途──堅苦卓絕。

●智謀雄略，才兼文武；權達機變為人傑──勤政德民。

○其心可誅，但人難誅；狡黠巧辯令人痛──痛於難交。

●友以德交，德以義結；無德乏義難為友——友德才配。

○一日冰寒，難凍三尺；事起突變總有因——因以察明。

●聲色明暗，要看情緒；順逆環境測音調——調高和寡。

○精於御眾，明察秋毫；提綱挈領握原則——有則不亂。

●人之衣著，固為其表；冠整其外內含德——德發於心。

○人本於志，各為其主；志秉於義患難從——無義可誅。

●十人之長，才過九人；才不逮人難有濟——德難補才。

○形勢消長，在於得人；人附於勢力必強——強於眾勢。

●扶人以厚，接人以禮；待人以信勤以事——才以學濟。

○世上萬物，益於神智；首以書籍潤心田——濟人良書。

●機權之際，其變難測；制馭人眾律令嚴——嚴必以德。

○事斷明察，人難欺犯；眾服其德樂為用——英敏果決。

●人有弱點，德必諱言；事用其長展人才──人非全能。

○人相交往，各本於智；智不顯露胸有懷──懷中無愚。

●關懷疾苦，易感眾心；舒解人困慰以愁──士為御死。

○因弱以制，因勢以制；因先以制得握機──機用於敵。

●自感其大，其大則微；人稱其大則曰強──自大必敗。

○揉合於人，才出於眾；脫穎而上眾服德──成之於凡。

●酒色財氣，吃喝嫖賭；運用不當敗終身──人當慎為。

○出世福己，入世福人；福己則私人以公──公濟於眾。

●論奕與友，難於盡美；既言知己尚牢騷──當責以誠。

○相交非誠，多言虛偽；事臨於難勝於敵──投契則交。

●志同道合，非比一般；成敗與共論生死──相危則賊。

○人宜合勢，背勢則孤；無勢難成須用勢──勢成於人。

●烈性如火，難織偉業；柔性如棉宜成絲——功成於絲。

○火爆當時，勿再添油；釜底抽薪水必冷——冷不急息。

●人相於集，各抱以勢；勢傾於人必成孤——孤必難事。

○廉正對事，忠耿做人；除鷙去驁化凶殘——明以防暗。

●勢以制人，善用其勢；眾寡強弱勢之形——勢行以權。

○人之本性，各有善惡；認明其善去以惡——化惡為善。

●有才無勢，賢難制肖；有勢無才難展為——得勢宜逞。

○昧於握勢，僨於逞時；雖有權柄終必敗——明於乘機。

●國無其敵，無以奮發；人無其仇鬥志衰——無警則亡。

○才昧治事，德無濟眾；縱擁奇才難論業——業以濟德。

●明不達輿，難以御世；勞不苦思難立事——精於謀算。

○心務則專，專必求明；明必求精精必通——通必成事。

●處於娛樂，十九皆假；人在酒酣無哲理——理失顯性。

○人有人勢，敵有敵勢；地有地勢各抱勢——勢成必格。

●人能用勢，無勢不善；短於用勢便成獨——無勢難成。

○獨用其力，難成大事；眾協以事易反掌——事假於眾。

●存以契機，在於識明；時勢降臨在於才——才成以德。

○心形相應，磁電相通；與人相結貴在德——心為德器。

●桀紂固虐，但宰情勢；君非賢能恃勢重——位高用顯。

○堯為匹夫，難正三家；帝非不肖但位卑——無權難勢。

●乘勢以時，握時得乘；順時招利逆致害——審度機微。

○鏤刻金石，甚難見功；摧枯拉朽易為力——難易立辨。

●順其所勢，舉易著力；背時以動難有功——度勢得力。

○事以人成，人以事轉；功建在人非在事——事驗才智。

●人無所欲；其言則剛；剛中無智必愚心——心明必智。

○身幻名虛，心安夢除；體悟人生當無愁——愁難處世。

●人易為友，難於共事；事關利害少情義——義無難友。

○人難容人，氣必過盛；自負以才憤世俗——不容難俗。

●人抱以凡，才以凡負；濟世以德見胸襟——非宏難濟。

○勿以沉默，列為蠢材；胸負明燈照宇宙——非學則愚。

●花言巧語，未必實學；非經考驗難定詳——學豐常默。

○少年氣盛，不辯利害；為非做歹誤終身——身悟贖罪。

●間接假言，勝於己力；不失立場關顧情——情斟於事。

○勢之以成，利害之決；權變之威握機時——動靜攸關。

●心本良善，易夢天堂；意生邪惡幻地獄——獄中不明。

○靜坐茅蘆，以養真性；閒居斗室鍊純陽——陽運消虛。

●鳶飛於天，性機活潑；魚躍於淵心圓融——融融必樂。

○心若海涵，容納百川；性如山聳載萬木——木石居德。

●清淨無垢，先天本性；情慾污濁後天心——心不染魔。

○悟靜深處，萬事皆空；性念不起心寂定——定然入道。

●廣拓胸懷，愁歸一笑；心淨萬緣任去來——來必不染。

○山外風光，別有乾坤；世間景象多是非——非淡難丟。

●道悟陰陽，機可奪天；德修五行能載地——地育萬物。

○嘯傲晚霞，勝餐魚肉；隱居泉石勝鬧市——市多名利。

●困於名利，心難清閒；迷於情慾不快樂——樂必捨慾。

○刀斬塵情，何憂於我；箭射俗念益於己——己必超俗。

●老兵不死，志在復國；英雄無淚性本豪——豪氣千雲。

○事要做好，未必有學；謀能週密看人策——策必問學。

●野心勃勃，必氣凌人；飛揚跋扈性多燥——燥必僨事。

○爭取合作，力以說服；人能組織眾必結——結必易業。

●愁結心頭，萬般難解；徜徉山水必化無——無必不愁。

○人生世間，迷惘情慾；熱於名利難看開——開悟不迷。

●色聲佳味，無觸必禪；善惡人我拋必道——道無色相。

○人心好靜，物慾常擾；天性本清受情牽——牽人於迷。

●兩儀四象，五行八卦；千頭萬緒變化生——生於無極。

○大肚能容，了卻人事；滿腔歡喜笑掉愁——愁去必樂。

●世事紛紜，固無了局；胸懷洒落是上策——策必明智。

○欲遠塵俗，去聽水聲；飽看山色心無擾——擾處難涼。

●富貴榮華，尚難稱意；金銀財寶無恆主——知足得閒。

○多讀詩書，識曠無懼；常耕心田仁何憂——憂多無德。

●人能得閒，多耕心地；事因理屈罪先人——人恕必安。

○處能隨緣，萬般皆遂；名利過份強求難——難必生苦。

●知人固難，自知非易；世事洞明可潤身——身處明暗。

○欲使人老，令其動怒；想得長壽多發笑——笑必心喜。

●利勞過界，人必衝突；權用非當必不通——通必明達。

○不明自己，難知斤兩；妄自尊大必受辱——辱因不謙。

●際緣情理，總須悟明；過當事物莫相求——求必心安。

○善心一發，自受清榮；惡念一生遭濁辱——辱多自取。

●三更夢醒，名利皆幻；想到百年都古人——人迷難醒。

○懷著夢想，怎慮髮霜；心猶嬰兒老何來——來當心愉。

●功修清寂，歷久滋濃；榮華熱鬧過後涼——涼味淡長。

○人愛於寂，見幽通玄；心趨於榮歌忘疲——疲過壽短。

●人得益友，如對明月；讀有奇書勝看花——花美悅心。
○評昔聊天，眺望山雲；談古論今心曠然——然當美世。
●您聊我聊，無聊則聊；有聊總比無聊好——好聊無聊。
○來台筆誤，誤方為芳；認祖歸宗韓振方——方今名正。
●賢明良知，愚知良知；心昧良知難賢愚——愚本良知。
○沙場醉臥，執戈為枕；萬里征戰嘆衣寒——寒霜傲雄。
●遍翻史乘，有數人物；留下點滴供人研——研其德言。
○你是菩薩，我是凡夫；人皆菩薩無凡夫——夫何為凡。
●聖賢俠士，英雄豪傑；岸語不溺溺難起——起靠仁勇。
○海闊魚躍，天空鳥飛；宇宙人生路萬千——千紅萬紫。
●地球繞著，太陽運行；妖言入監伽利略——略守真理。
○多用微笑，迎接風雨；得以希望抱陽光——光有回饋。

●老師用愛，傳遞薪火；學生本愛承續揚——揚不斷層。

○無所不在，道滿虛空；刻意追求卻難找——找佛非佛。

●天生仲尼，長夜光明；世無逸仙旦何時——時難熬亮。

○爭分奪秒，餘生事急；豈用回頭嘆逝時——時光不再。

●琴棋書畫，詩歌文藝；風流才情多彩姿——姿態殊異。

○名家著作，心靈桃源；滋潤肺腑常讀伴——伴隨不棄。

●好夢醒來，月色皎白；百合綻放室內美——美如彩霞。

○多做一點，少說一些；曰人言行德不語——語少做多。

●風雲塵寰，奇聞趣事；漫夜星輝知感性——性潤心靈。

○宿莽榛蕪，雜草亂石；一杯黃土人生墓——墓久誰知。

●今生賢德，智慧利眾；廣濟人群德不彰——彰顯難張。

○凜然傲骨，不合時宜；跟著時代跑一遭——遭遇殊異。

●戲由皖出，徽班演變；京劇武生開山祖——祖俞菊生。

○昔日難征，曲海煙花；誰能話淞演風月——月上柳梢。

●縱一剎那，歷千萬劫；讀書人明書中情——情得其性。

○溪水潺潺，滔滔不盡；整夜不停真理聲——聲皆天籟。

●劍客在此，落葉抽枝；桃花一見有何疑——疑將難得。

○殺身無益，適足增羞；忍辱苟活為伸志——志達則榮。

●度德量力，適得追求；看透想開何失落——落無感損。

○顛沛流離，處無定所；國仇身恨付詩章——章由自譜。

●不會賺錢，只會花錢；怎知錢來得何易——易難明勞。

○愛情親情，溫情心情；感情依賴苦中苦——苦因難脫。

●水鳥樹林，花草蟲魚；悉念佛法心領悟——悟智明性。

○忍一時辱，重萬世名；何苦棄身捐功名——名傳後代。

●誰識看花，皆是淚淌；雄心豈是白他人——人康有為。

○塵海風雨，歷盡滄桑；抗日內爭蓬萊隱——隱為復返。

●有朝一日，進出扶柔；中華兒女凱歌行——行因反德。

○久處燠熱，難知外涼；長享安逸怎明勞——勞先逸後。

●天上圓月，難分兩半；人間寶璧可剖雙——雙合為一。

○心朝富貴，五欲難滿；人本看淡不出此——此緣有限。

●想得成就，當須專一；自古文人多寂寞——寞因鑽研。

○曰俘遣送，狼狽不武；侵華雄風變狗熊——熊永不雄。

●日月風雲，江湖河海；大地山嶽包萬象——象育萬物。

○舟行海上，無岸可泊；機飛空中無場落——落難人憐。

●碧水青山，鳥聲松籟；翼樓小閣外雙溪——溪藏故宮。

○奈何四海，狼煙滔滔；湛然鏡平潤外情——情得心淨。

●名水名山，皆謂勝地；文革勝地太平湖——湖吞老舍。

○苦人所苦，疾人所疾；無私為人人事先——先人後己。

●芸芸眾生，俱見佛性；此岸彼岸在此心——心悟空佛。

○僕僕勞塵，何生髀肉；年逾古稀難息鞍——鞍卸難安。

●三杯黃湯，稱兄道弟；恩怨堂前無仁義——義行人敬。

○莫謂聰明，不說人傻；世上笨事傻人幹——幹為益世。

●陸火紛飛，海波洶湧；山雲迷濛人間劫——劫無慶生。

○勞攘奔走，退處靜思；動不盲動不空想——想皆實現。

●苦樂人生，看法不同；主張觀點各有異——異皆塵世。

○什麼豪傑，何來英雄；據山自王殘民苦——苦由暴生。

●培審三百，當年功狗；萬里江山得皆斬——斬因忤意。

○凡愚不滅，聖賢不增；煩惱不亂禪為寂——寂是坐禪。

●身處凡愚，值沒所滅；人在聖賢無有增——增減在心。

○曠世奇景，萬年難見；慧星七月撞木星——星距九億。

●那段日子，多麼美好；身在當年不感覺——覺得無聊。

○當朝元老，難屈嫡嗣；心不臣少性倔強——強難久強。

●故國山河，台灣寶島；鐵馬金戈早卸鞍——鞍去安得。

○事在煩惱，其心不亂；居於禪定湛然寂——寂是禪定。

●俯奸設伏，摘奸發伏；排坐吃果各懷胎——胎內難測。

○國防部長，俞氏大維；血染征袍在金門——門八二三。

●仗劍傲宇，熱血沸勝；翹首雲天嘆奈何——何不收斂。

○雅量風清，無雲月白；高情澗碧窺山紅——紅白映心。

●血肉橫飛，荒野白骨；息戈停馬度餘年——年度得年。

○利衰毀譽，稱譏苦樂；八風世情何憂喜——喜忘難擾。

●心容天下，難容之事；心現世上微妙理——理悟情潛。

○養豬打狗，種菜種瓜；下田幹活農村婦——婦人得樂。

●樹有根榮，沒根則枯；魚有水活沒水死——死活在水。

○歸之法名，曰呼萬遍；夜深人靜夢中喚——喚心得靈。

●蝶採花味，不損花香；人為錢執僧無迷——迷錢非心。

○中華民族，優點很多；惟一鐵陷不望好——好生嫉忌。

●心應天下，無常之變；心度世上受苦人——人定發心。

○上得不得，甜得苦得；貴為千金降俗人——人為愛活。

●膏有燈亮，膏無則滅；人有信立無信敗——敗無立信。

○不是聖人，難留聖跡；聖溜聖跡定非凡——凡難留跡。

●善惡正邪，一念之間；萬法唯心好壞得——得於笑哭。

○魚家妹子，鄉村姑娘；大家閨秀適應情——情得品性。

●片帆飛過，人生歲月；回首樓台渺漠中——中皆空無。

○五十年前，一百年後；文不記載誰知曉——曉貴文傳。

●佛法無邊，不可思議；虔信不疑功德大——大難思議。

○何謂英豪，那來聖雄；文人筆頌殘民逞——逞想當權。

●萬里春風，一窗明月；丹心碧天在人寰——寰宇清淨。

○君不做人，要做啥子；做人人做輪流轉——轉到何時。

●傳與世人，塵難久戀；休將有限恨無窮——窮非靈性。

○中華文史，永遠不朽；典集寶藏傳千秋——秋水天長。

●火宅淨土，心覺淨土；心迷火宅無淨土——心非火宅。

○伯仁何罪，縱不殺他；伯仁卻因我而死——死不瞑目。

●一生行事，千秋功過；那堪風雨憶當年——年華當惜。

○昨座上客，今階下囚；富貴名利有何慕——慕非人生。

●飛泉一線，掛壁穿隙；萬峰雲封意幽閒——閒人賞山。

○陰柔婉約，風花雪月；大江東去難雄風——風光一世。

●窮有聖豪，病無英雄；體分壯弱老必朽——朽無鍛鍊。

○利多會失，名大招罵；位高易摔健康寶——寶該自寶。

●暴白人過，雖容則恨；委婉於言樂從改——改於心服。

○無愧於事，先勿愧身；不愧於身心難愧——心愧難德。

●心術不正，其材必劣；為學不深器必淺——淺難厚德。

○人生基業，始於年少；保身弁謠前途寬——沾邪則衰。

●勤於事業，必斷色娛；濃於色娛必懶勤——不勤難業。

○縱有傲像，不生傲心；世重傲骨鄙傲氣——氣傲必敗。

●青山常在，綠水長流；千秋萬世子孫福——福於山水。

○世平日少，征戰時多；看破治亂該無爭——爭於靜淡。

●風霜飄泊，孰惜憐憫；衣錦鄉還爭親近——近因榮歸。

○事涉關連，言行當慎；片紙留痕恨悔晚——晚因不毀。

●人生有限，知亦無涯；計人所怨若不怨——怨生無益。

○理釋於前，法行於後；青天無私日照情——情本於理。

●女不私情，男無外遇；天下男女皆可賢——賢當守分。

○人習科技，則明識廣；非專於學難進精——精於學專。

●夜觀天心，默察人心；天心人心本一體——心與天合。

○欺世盜名，縱言行易；唯有良知心昧難——難於不昧。

●水不停滯，何生污物；心不鬱結病難起——養體於流。

○心注於一，固專於事；兩情易用神難清——清養於心。

●奠基創業，忠誠是本；立身行道孝為先——先於立信。

○醫學雖倡，妓毒難療；受害於身尚遺後——後果難承。

●臨機應變，非智莫為；處變不驚非常人——養於心靜。

○人煩於樂，心必重憂；心厚於義必簿利——處世情懷。

●事遇模稜，非精難擇；財逢利害以義選——以人衡心。

○萬事易密，人口難封；邪門不起惡不生——生非善德。

●非通治亂，豈可語變；不於窮達難亨通——養氣於權。

○事未降發，聞多逞言；既臨於事人常避——避不邀功。

●先以小人，易成君子；君子非計小人較——有較傷和。

○德必易德，非德難德；世人趨德非遠德——學以養德。

●人性向善，本乎一正；人心趨惡原以邪——不邪難惡。

○忠言逆耳，諛言順聽；順逆交言難為人——用不違時。

●搶人之意，難為已發；掠人之語非稱明——智本獨見。

○贈虎千金，何若一豚；賜饑四海不如飯——望梅難濟。

●事以密成，語以洩敗；謹慎易功輕浮失——有為則守。

○有益於人，無損於己；人生不為何樂生——益人則善。

●有益於人，稍損於己；人生勉為亦當樂——行樂則安。

○無益於己，於人有損；人生若為心難德——不德則鄙。

●徒益於己，有損於人；人生如為人非仁——無仁則殘。

○得之於我，人失必苦；利之於我人必害——害必不為。

●我之得勝，敗之必恨；我之有榮人必辱——反慰其心。

○掩諱於過，非有勇豪；吝惜於過難於省——不省難悟。

●女以未嫁，有憂母情；男以未嬖傷父心——瓜瓞失常。

○以德與人，非哲則賢；以利與人為義豪——俠仁情懷。

●若勤於靜，則易窮精；倖險於躁難理性——性本學養。

○非假人長，難實己短；善藉人短充己長——長短相輔。

●專精於一，易明二三；不於慎悟難理通——一通百明。

○蒔花植木，固言運動；常涉山水壽必長——長養年華。

●非從於小，難致於大；不窮於細難致精——先微於著。

○空氣之中，充塞污濁；人體之內沼氣生——非淨則疾。

●遺憾之得，產自未慮；憂患之來喜後生——思危則安。

○鄉誼胡適，新學泰斗；中外同欽博士多——德言千秋。

●治陶為瓷，煉鐵成鋼；非除柔脆難堅強——強以煉成。

○因果之成，事起前後；不種於因怎生果——果善必美。

●輕於重端，小為大源；明以慎微知識機——察本知原。

○禍福之降，皆肇於初；造因由人而得人——得因善美。

●不明於病，難投於藥；非診其脈難知因——對病於方。

○世間之務，皆因人事；輕重緩急條理明——明事因人。

●福己害人，非人之德；福人損己君子風——非兼利害。

○群之不存，己將焉附；圖存於己群難生——不群偕亡。

●利人利己，其道則生；害人利己則道亡——亡於無道。

○福由己發，福田己生；禍福無門先明機——動關利害。

●厚古簿今，非合時宜；崇今鄙古多忘本——化古利今。

○明古通今，學成大儒；知於中外胸內藏——當濟於世。

●狎人銜恨，皆當急反；輕簿喪德易仇人——不反則悔。

○非憤於志，其神難發；不固於心根難旺——不旺則枯。

●事欲其速，未必即達；掩苗助長難見功——功成於理。

○虎不傷人，當飽其肉；鷹不飛颺不使飢——不害則警。

●微事不苟，當處得意；大事能斷必先謀——能權則業。

○人立於世，欲致有成；當以功德能勝人——空言則妄。

●人昧防身，豈言制敵；欲成於事當警心——非警則疏。

○想得其虎，先探虎穴；思以得蜜當忍刺——不險何享。

●年齡逾高，識多驗廣；心性倨傲易鄙輕——敬謹恭遜。

○人於憤怒，莫暴人隱；刻心入髓難於德——傷義難復。

●激言易失，快語乃遺；學涵於養話有物——聞能動容。

○佞人之量，難容於物；常思傷人生事風——禮遠以德。

●大智興業，常集眾智；大愚誤事性剛愎——致德於成。

○待佞以寬，不寬則怨；防佞以嚴否則恨——常守以敬。

●親人於友，當知其類；物以類聚氣相投——非類難聚。

○水靜易平，能平見物；心定易思思窺明——氣浮則躁。

●事惡於人，易為仇快；禍出意外友則惜——戒慎勿失。

○人美於人，則讚其德；人惡於人則頌醜——皆非人德。

●德非施愛，無以言德；仁非惻隱難言心——事本於善。

○以善待人，易為良友；以惡待人則生怨——棄惡從容。

●千罪百惡，皆從傲生；滲敵逐友起於慢——敬讓於謙。

○是非之評，不起臆測；因怨生誣難一實——無辯則德。

●口舌角勝，勝於一時；德業角勝勝千秋——言勝於理。

○待人處世，以德宜厚；簿慢謗譭非同識——無識難人。

●面諛之詞，識聞非感；人后諷評易刻骨——暗頌則德。

○做人以實，雖疏必親；處人以虛親亦疏——拙以制巧。

●敬愛於人，人恆敬愛；惡慢於人則同德——非同則棄。

○宰相肚內，非能撐船；腹具德宏量乃大——胸極四海。

●口德仁德，善德陰德；遠離惡德人必賢——賢人益世。

○百年世家，無非積德；天下善事多讀書——書香千秋。

●謀成於密，敗必於洩；明日所行今不宣——宣亡人事。

○上言以奇，功必可立；人言以私易樹情——情辭貴諍。

●權力財富，技術善惡；福祉所寄在理智——智馭禍福。

○實本愚昧，卻認真知；狂妄臆斷看成智——智非於狂。

●迷以於人，多方引誤；行不明行止不止——能示不能。

○言出不檢，場面弄僵；先我解嘲化和諧——諧必化解。

●含血噴人，自污其口；幽默語出必潤心——心潤則仁。

○人有恆心，必治恆產；心本毅力事必成——功建於恆。

●淡茶粗飯，甘之如飴；愛山樂水心智暢——暢於知足。

○情結千里，有緣必會；相逢無緣不識刑——能識交緣。

●醫人疾病，功同良相；成人事美必君子——子非心惡。

○良相施仁，政寬惠民；君子弘道德眾生——生靈得救。

●始怒之時，止須忍氣；忍之又忍無芥蒂——蒂落無痕。

○做人處世，讓步為先；待人接物寬厚福——福生厚道。

●自古名士，未有不色；從來英雄必讀書——無識難業。

○光明世界，亮麗人生；丟掉憂愁去煩惱——惱由人尋。

●真真假假，假假真真；真中有假假中真——假以求真。

○飯可過食，話不過滿；一言既出駟難追——話難滿收。

●相信別人，揹上黑鍋；一世勳名付東流——慎始於事。

○美化人生，豈止戀愛；侈言殉情不值得——得失何極。

●分析精闢，看法透澈；問題癥結關立場——場關人事。

○沐浴於德，潤德自清；澡潔其身不染濁——濁非能德。

●人之七情，惟怒難制；制怒之藥忍為妙——妙在一忍。

○滔天之水，生於其微；燎原之火起於細——細無難粗。

●以柔克剛，以陰制陽；以巧制柔柔剋陰──無陰必暴。

○湖山雲雨，繾綿蕩漾；風光旖旎美如畫──畫中如詩。

●接納四方，上下其情；耳目心慮留存菁──菁必去蕪。

○敵我團體，當置內線；掌握情況易知彼──關乎成敗。

●尊卑不交，窮富難結；長屬關係少友情──情於私結。

○存心放火，其人難測；齊志滅熄天下平──能平則安。

●未曾答詢，先作反問；聽人高見再論評──評以客觀。

○貧猶虎豹，驚避親友；富似蛟龍遨四海──海容貧富。

●為人心狠，陰德不彰；做事太絕無賢裔──厚德植福。

○欲跳其高，但須先屈；人欲遠行必自邇──能屈則雄。

●陰謀必週，陽謀必評；機密敗露事心亡──亡於不密。

○反以道動，弱以道用；折衝撙俎手段行──縱橫捭闔。

●善以迎友，親若手足；惡態待客易干戈——戈生非和。

○煎聽則明，偏聽則暗；向陽則陽背陽陰——陰計陽謀。

●明快思考，困斷裁決；跟蹤執行事必果——果成於務。

○安全主動，膽大心細；氣平人和識見明——不明難事。

●舌燦蓮花，巧言令色；說人是非心詭譎——實非人言。

○瓜甜蒂苦，物無全美；太陽光下事多醜——醜不掩美。

●百忍堂中，只有一忍；非經一忍難百忍——忍非於弱。

○非經失敗，難知艱辛；未經牢災怎體情——情貴真切。

●雪厭芳叢，枝蕊放紅；傲骨氣節孰能同——寒梅吐蕊。

○幹傲春風，霜凌氣雄；梅花一曲萬邦崇——崇於音鏘。

●冰肌耐寒，英豪傲骨；處士孤潔無可比——霜雪梅雄。

○大進若退，大深若失；大藏若虛有若無——以退若進。

●進而知退，亢龍有悔；得不知失災禍至——以失為得。

○利害相生，禍福相倚；得失相繼存亡寄——無得即得。

●權勢名利，不在佔有；貴在運用不累贅——贅不知用。

○受制於人，失去主動；受制於物無自由——取捨自如。

●善於制人，而不人制；制於其事不為制——人以主事。

○螞蟻蚊蟲，蜜蜂公王；一夕駙馬亡天國——母王稱雄。

●眾人集言，哲理必深；話語交通智巧精——精於求證。

○相交有情，口心一致；互爭無義行詭詐——詐不悖德。

●個人喜械，絕無善終；家庭好鬥難善報——國無善果。

○開化看頭，老化看腳；腐化看人教化質——質變看品。

●善必敬神，惡怕於鬼；世有鬼神在心頭——頭上青天。

○死中求生，禍中得福；困以養德窮著書——書以勵志。

●江山文物，傳諸千古；雞犬桑麻話前朝——朝中春秋。

○身無半職，心憂天下；讀破萬卷交古人——人通今古。

●天賦於命，人當愛惜；情困財苦何足慮——慮少必樂。

○欲先知人，先令人明；彼此相知易相處——處當互協。

●相處和協，人際必通；事明情理必易解——解必以法。

○心欲參明，先得玄機；書想讀透必悟語——語穿人際。

●真機識破，可收乾坤；妙理得來必解厄——厄無則福。

○忘掉人我，去是了非；秉於率性世無疑——疑多必苦。

●率真粗獷，江湖俠義；豪情壯語英雄慨——慨潤文武。

○處於時代，當明興衰；居於環境認好壞——壞當變革。

●明知有錯，拒納忠言；悍然獨行剛愎性——性殘必敗。

○語不投緣，自尋沒趣；反言相撞非曰寒——寒當自檢。

●善氣待人，親如兄弟；惡聲接物易戈兵——兵發難親。

○人非現實，多因存活；吝於慨慷袋為空——空必人諒。

●錦繡大地，雄偉壯麗；故國遺民復山河——河山蒙塵。

○繁華靡麗，過眼成幻；桑田滄海世無常——常中有常。

●傲骨嶙峋，孤芳自賞；漠地寒霜雪滿閣——閣中仙子。

○大江東去，悲鳴英雄；時光盡埋隧道中——中流砥柱。

●黃山蒼蒼，秀水茫茫；英雄豪傑沉千古——古今感喟。

○十指伸出，必有長短；同煉於爐器尚異——異不相忌。

●身無塵垢，何用水清；心如明鏡不用照——照必明亮。

○斬斷塵情，不憂於世；箭射俗念益於心——心牽難射。

●頤養天命，但須了意；事悟於空定於心——心定參悟。

○大智若愚，不理是非；大巧若拙無長短——短爭必長。

●世如亂絲，任理不清；情似曲水，斬難斷——斷必無人。

○古往今來，英雄埋沒；朝生暮死，沉豪傑——傑化於凡。

●名利情愛，鏡花水月；榮華富貴，終歸幻——幻無性真。

○苦不為苦，其苦必樂；悲不為悲，化為力——力以轉強。

●進以治人，退以養身；仁以為懷，德做人——人不失據。

○世上論事，不外一理；天下言物，惟以性——性與於神。

●因理難窮，事多扞格；故性未盡，物少明——明必通智。

○心無詭詐，自然平安；行怕邪惡，神難容——容人為善。

●明天廣闊，必登高山；察地奇美，當旅遊——遊必心樂。

○胸懷曠達，物我兩忘；天人合一，心明禪——禪悟天心。

●園庭幽雅，窗明几淨；塵寰俗無，賽福居——居必賢德。

○天為物宰，虛以成物；人受物拘，實多逐——逐多神損。

●鏡以塵蒙，必用雨淨；物以刑剋得和濟——濟必事協。

○世事如塵，撲必埃起；人心似鏡照顯身——身鑑必明。

●長生學法，只有靜觀；不老修功在絕念——念必淨心。

○蓮栽於泥，不染其污；菊種籬邊豈失芳——芳得清氣。

●軟化情緒，事易解決；氣氛僵冷必難理——理必緩和。

○駑牛登山，力以恆毅；駿馬奔溪短必捷——捷易速越。

●思想鈣化，理難明通；頭腦清新學易精——精必悟達。

○病防未染，身養非損；天理循環物極反——反因愈情。

●欲念愈深，心機必巧；道窮理失人德簿——不簿植德。

○道德重張，人類殷望；禮運大同世必欽——欽必同歡。

●賢聖無怨，故生智慧；凡夫好鬥造因果——因私作祟。

○市不染塵，便能見性；障於深山難明心——心淨明性。

●觀月養神，萬慮皆清；隨風鬥氣百塵起──起因氣揚。

○菜根香味，可滅濁穢；鮮果清新不染疾──疾因臟污。

●百善之端，在心覺悟；萬惡之首色迷惑──惑邪不明。

○中華文化，大漢天聲；龍的傳人承統緒──緒必千秋。

●飛蛾撲火，自滅禍身；螳螂阻車不量力──力用不當。

○息機洗心，心鏡自明；明於無物朗照空──空必無色。

●止念定神，神氣自清；清於無相心自明──明月在天。

○浮雲不掃，月光難顯；清風揚起霧易消──消必明朗。

●德潤身修，心明性見；仁愛慈悲多拯人──人必感德。

○慾海難填，七情迷性；骨肉乖違友誼虧──虧必德補。

●動以慎事，過必自知；靜以修心失便改──改必消孽。

○靜以度己，悔過悟道；動以濟人勤修功──功上天庭。

●一塵不染，空庭觀月；萬緣盡淨孽何來──來必無障。

○逝江水去，流必忘返；落地花葉凋難開──開必另春。

●百歲光陰，一生名利；空留塵寰人世間──間時無情。

○心無其心，身難是非；人有其人無窒礙──礙必心有。

●月明霜冷，神能默守；水凍雪寒氣恬養──養於千年。

○世海滔滔，紅塵滾滾；覺早悟遲總須明──不明必迷。

●心態機巧，巧機易滅；人情慎失失必險──險防喪命。

○草花氣簿，經霜自萎；松筠節操寒不凋──凋非耐寒。

●明鏡非臺，塵何以染；菩提無樹根何生──生本無相。

○逼友為敵，敵多道險；化敵為友路必平──平路易行。

●有理看利，無利難理；理爭宜節和當先──先明認清。

○火氣消盡，安祥寧靜；刀劍矢石心不燃──燃必因火。

●吃得簡單，想宜深刻；餐飲節制不超量——量多必肥。

○欲保年輕，從幼鍛鍊；任何工夫皆強身——身持有恆。

●民用於國，得智必雄；願死必強共辱榮——能致必霸。

○人位愈顯，友誼愈疏；諛詞令色逆難聞——不聞易驕。

●君子固親，小人不遠；為事要雄好歹容——容必多益。

○位重言卑，易得人崇；人微語亢多論節——節以才德。

●仗固打過，路未尚完；德能信守崇必建——建於仁義。

○歲月長流，忙必自短；天地本寬卑多隘——隘必心窄。

●日落黃昏，達人明鏡；禍福苦樂心超物——物捨心樂。

○山水林泉，身心淨然；松間讀易多了悟——悟必風雅。

●處於世間，難求皆空；千古憂患心常懷——懷必同戚。

○鈔票固美，髒臭無比；黃金雖亮難照人——人貪必污。

●單打獨鬥，費力難功；聯力群策事易成——成於眾智。

○人為生存，歪點常多；要事辦好必想謀——謀多法美。

●面對逆境，提昇歷煉；處於順境心不妄——妄必浮燥。

○知識領域，愈廣愈好；物質條件愈儉美——美必無奢。

●書房雖小，可容古今；宇宙縱大僅納身——身心化物。

○小人長短，爭於臉色；君子是非論道義——義必千秋。

●過於勉強，易生怨言；故意做作難持久——久必現形。

○人海之中，善惡充塞；德海之中言德難——守以良知。

●交淺之人，言輕則污；中調非洽勿強言——不辨則辱。

○心性陰刻，毋言衷情；人品輕浮不言密——言有遺禍。

●暢言山水，養性息機；闡言因果易勸善——語外易非。

○逆言則剛，其人當敬；諛言有求心當思——杜言則昧。

●疏忽於微，易起誤會；施惠於細效果宏──宏必後得。

○惡人於樂，則易刺心；善人於苦易慰痛──痛發良知。

●必得之事，賴之易悔；必諾之言信易失──過奢常憾。

○關注時事，卓識見解；深中核心益興革──革於學涵。

●堅困歲月，漫漫長夜；非志於雄難飛渡──苦守待變。

○人有人經，事有事經；凡事有經皆易讀──家經難念。

●矛盾情感，由觸產生；用之得當生感情──情交以純。

○人不認錯，永無進步；學有獨創易成功──功得眾舉。

●利害當頭，始識交情；生死場合別道義──義共生死。

○利害之交，情難忍藉；道義相結無利害──害不及友。

●向富示窮，易遭人鄙；對窮示富遭人輕──窮富守德。

○德積百世，仍須積德；書負三代尤應讀──斷必無文。

●奇書讀盡，無行難識；傳家以法耕田先——先必耕讀。

○忌人於能，因己無才；才逾於主難表能——才本以忠。

●言友則識，知友則義；是友則協友則情——無友則孤。

○良心的語，能感動人；踐履的事易服心——心服人佩。

●義交患難，貧困識心；理虧於人氣難壯——心虧膽怯。

○做人之道，無愧於心；為事之德不愧行——行必心坦。

●己若謙虛，人必讚揚；人如自詡愈輕藐——藐鄙自擂。

○囉嗦招厭，多言人輕；浮言人鄙話當稀——稀言合情。

●才不剛愎，人己可用；智不惡德業必成——成於得時。

○間事好管，自討煩惱；多說間話惹無味——味有酸苦。

●相處之道，親疏合宜；距離適當可均衡——疏易生閡。

○墮落自己，是不環境；自己照顧勝別人——靠人必敗。

●聖賢大道，當斬名利；英雄之路無美人——有美難過。

○求人事業，幫助則易；央人金錢施捨難——貴人以事。

●言不在多，貴在含誠；情不在言貴在專——能專必情。

○飛語無憑，流言無據；空谷風起非關因——省先於稽。

●胸懷壯志，定非凡器；鴻圖於業易展才——握時逞勢。

○德若木根，才即枝葉；德無才輔則近愚——才以德發。

●德如水源，才是波浪；才無德主則近佞——德以才成。

○傷人自尊，非做人道；揭露人秘口無德——德必揚善。

●一面之詞，不動則智；有利忘義難稱仁——仁必兼有。

○謙必能和，傲必易怒；和易功成怒易敗——不敗棄傲。

●我先助人，人必助我；我若非人必非我——相對理論。

○癡嗔與貪，人慾難棄；世人不除心難淨——欲淨必去。

●萬惡固毒，莫逾左毒；毒禍人類逾猛獸——中必人死。

○傲長則慢，欲從則貪；志滿則盈盈則傾——樂極易悲。

●身貴賤人，易於德鄙；家富驕人易生矜——不矜何鄙。

○忠諫進言，從違皆善；從違喜怒佞進側——怨尤則非。

●勸人息爭，德人之善；激人怒起佞人惡——棄惡從善。

○臨財不苟，臨難不懼；臨死不悔人生明——明生於死。

●自己良心，規範行為；個人偏差個人改——效果必良。

○人性愛美，尤愛美言；言中有刺易傷心——心傷於逆。

●善人為德，從違皆善；惡人為德憑喜怒——道發良知。

○立身行事，待人接物；溫語柔和遠戾氣——位高言卑。

●戲謔之語，無出於正；心起忿言生口角——角發易傷。

○聽人於言，明品與意；器識氣質瞭於心——益學非愚。

●喜怒於人，不動於心；哀樂於人勿形色——人中必雄。

○謙和無悔，倔強易辱；人善不欺心好得——能得必美。

●認錯無錯，爭功無功；知善無善美無美——先無必有。

○喜怒於表，多失於真；盛哀於言多悲戚——守於一時。

●人善於言，未必於行；善行於事未必言——坐言難行。

○言人於善，必無所傷；人謙於表心不厭——言惡易恨。

●面讚人長，未必心感；人前責短易惹恨——背責人惡。

○防小人嚴，以嚴制短；待君子寬以揚長——寬必易近。

●不自檢束，人非以恥；心不知足暴歛恨——歛難厭慾。

○克己有禮，易得人和；捨己從人有好友——友必以和。

●為人做事，必定原則；統御領導有方針——有規必圓。

○勉強情感，絕難持久；流露真情作必僞——僞不自然。

●勤諱言勞，謙不語介；儉以真樸非犯忌——保身守德。

○衝動情緒，難論修養；晦言利害是認識——利不己先。

●智者改過，易遷於善；愚者恥過易遂非——惡必日積。

○滿遭於損，謙受於益；讓得於惠施得人——諒怒添德。

●譽我以謙，添美於心；毀我以怒增一德——為善益仁。

○喜勿許事，不踐則鄙；怒時多言詞必變——貽人怨仇。

●盛怒之時，易遷於人；不知罪人易僨事——氣言必失。

○生活特殊，易惹人妒；恃才傲物遭人非——非於不謙。

●不揭人惡，人柄難授；好論人善易團結——隱惡揚善。

○忘己濟急，道義必顯；互助明理現人格——發揚關愛。

●理能推人，便得其所；心能度人可致安——將心比己。

○譽濫則非，責不語盡；不明含蓄怎懂妙——妙在語含。

●搖舌鼓唇，易生是非；喪家敗身言占多——多辯必怯。

○文通理明，縱心隨筆；人好幹事易致業——業致於才。

●治學時髦，難明於理；修身裝飾不樂心——心榮必苦。

○思靜則明，心靜則專；居靜則安默靜通——通必得靈。

●提筆難落，始言學貴；話出有錯知慎言——言以學致。

○做人處事，因以求學；舒心健體貴生活——活必有意。

●事得於績，必見其譽；利損人益必見毀——不毀人益。

○人於醉極，心神昏迷；是非莫辨易洩密——醒挽無濟。

●不設城府，人不忍欺；城府太深難於友——坦蕩於懷。

○槍桿權威，可霸天下；筆桿力量結人心——心散必亡。

●人收物慾，遠離蒙蔽；心放知慾識必明——明必無慾。

○智識價值，在於實用；行動力量能見效——無效別行。

●學而不用，枉費心機；用而不學徒耗力——學以致用。

○性近於學，習必見功；能近於長事當舉——舉必與發。

●名利擺開，事必有效；精勤力研學必精——精當求實。

○謀之與斷，成敗攸關；人善於謀未必斷——斷本決智。

●人生斷事，不免誤決；惟以不昧宜愒進——進必無錯。

○與佞人處，動闒得咎；縱有德容亦遭議——非忍難容。

●饑不擇食，言不選人；行不明地必遭仆——不慎必敗。

○領悟道理，多磨於事；體會情義心當動——動必了悟。

●書支配人，怎謂云讀；人支配書必會讀——讀以明貫。

○通而不才，不能算通；才而不通算不才——才以能通。

●人不讀書，僅負粗活；事若不做報廢人——人機造糞。

○冤鬱於腹，白陳知心；絮絮於人徒咨嗟——於事無益。

●不納忠言，易於誤事；昧採逆聞難知進——智決於己。

○行言立世，拒聞則非；善解人意心持定——判明益損。

●言語無度，令人生嫌；語不中的多無益——益當於洽。

○聞過不怒，其人則智；能知己錯必非愚——直言心忠。

●論理於德，言非於佞；利陳當前必先義——遣利以安。

○富難三代，窮不一生；文傳萬世德流長——長必因德。

●事業工具，得賴智技；生命資料須物質——無質難存。

○語雖無味，但能刺心；不聞於言耳邊風——話必留德。

●貨以力取，用之則安；財以詐得心必懸——得之則平。

○氣和於言，其意則哲；暴怒之言則言戾——心平以理。

●人爭於氣，迴避勿辯；人爭於理則平言——德不於爭。

○厚時宣盡，簿時洩完；非德以為佞人風——為友本義。

●意見相左，不容必仇；學理對流易生情——情發交感。

○過於謙遜，必形虛偽；逾於禮敬不稱節——節本以洽。

●道人以短，存心不厚；護己之拙器量狹——皆非人德。

○誇己之能，人譏於驕；忌人之長心性鄙——德非人為。

●遊戲人生，品多浮輕；性命人生必易實——格因人異。

○富貴無求，學術可究；權勢不畏闡明理——理能通天。

●信為人本，佞人工具；疑固大敵可究機——機從疑發。

○書畫愈大，價值愈高；人齡愈老體理深——深必明達。

●學理事理，脫節則獃；人生人性不相違——違必惡生。

○將人管好，賴於統御；把人教好在訓導——導於治下。

●人有學能，愈受尊重；身無所長人必輕——輕必無業。

○自我忍讓，則人愈服；不自於誇人不疑——疑其妄言。

●身以謙恭，易平人怒；若以妄貪人啟爭——爭必不平。

○光置暗處，愈顯其明；智逢困危易生威——威發易突。

●膽源於識，識本於明；學基於用藝因趣——趣生必習。

○身置書館，可明淺識；體驗生活知學貴——知貴必學。

●以人廢言，非學之道；以言廢人應興革——不革難興。

○人能真知，膽量必生；創建事業賴實才——才必致業。

●治學無據，易成空洞；說話不實多招非——空言難聞。

○中華民族，宗祖相傳；源遠流長一脈承——承繼不絕。

●文理不通，思念不正；學不能悟理難明——明以勵志。

○財不獨得，無由殃身；技能專明必顯貴——貴用於功。

●學明正反，始可自圓；理懂相合服眾力——力能立業。

○以錢買氣，人生最蠢；以錢買書價無量——量估難秤。

●創造發明，以識為貴；講理論道以行先——空言無補。

○不牧自謙，其謙易謙；不言己能難病人——病人易病。

●護己矜長，非人所宜；長非病人能不傲——於德有進。

○句句著實，不脫空言；含蓄餘味不貴多——謹言不苟。

●誠意交通，言出人信；虛與委蛇人必疑——不疑以誠。

○愚人在口，智人以心；輕言寡信易納污——少言則實。

●巧言雖美，常用必滅；拙言縱拙可補實——誠無取辱。

○學習入迷，成功在望，生活慎獨易善化——化能入竅。

●以書為友，可遠驕傲；以儉為伍少奢侈——勤能無惰。

○事務繁瑣，難以致學；攻力於一可得業——業專於志。

●多讀經史，易明興革；書看文藝通文理——理明必識。

○涉世廣泛，經驗必豐；文能久傳價增高——高必顯貴。

●見解不同，角度各異；學有深淺看領悟——悟通必明。

○見殃為善，則禍不生；人非遜謏為遠害——殃必遠避。

●言不妄發，發必有理；理發有當見學養——妄言易失。

○為譽釣善，其善不誠；遠善近惡邪必生——善本心發。

●為善福延，從惡禍生；致德必福福本德——無德不善。

○溶化煩惱，須賴涵養；看透名利應淨心——心染必迷。

●通達事理，書讀客觀；權衡取捨須明鑑——鑑必以心。

○舌為禍根，人貴儉言；殺人利器莫逾舌——德舌助人。

●愚必舌長，智必舌短；人不食言則人信——食言則鄙。

○人觀其言，平易躁妄；容察以德有厚簿——測以學養。

●人貴用德，兵貴用氣；事貴用和成戒傲——兵戒散惰。

○人雖不翼，名聲可飛；善惡無風易遠颺——風由己發。

●人具以德，必有其言；時當理明人不厭——德非不言。

○人生學養，寓於情理；處事情理看言行——學與德合。

●護身之寶，真誠無妄；利世無私可遠害——害多由己。

○海洋遼闊，天空無際；胸懷開朗納宇宙——宙明無暗。

●多讀古書，始明深度；撥弄是非必糾紛——紛起難安。

○身在健康，怎體病痛；人當年輕昧老苦——苦修明佛。

●以白芝麻，牛奶加蜜；預治便秘應常食——食合蜜薑。

○龍飛異域，鳳舞香邦；雄踞世界數華人——人霸以才。

●風雲翻騰，心如止水；世情詭譎應守常——常處變靜。

○放開胸襟，觀遠深處；洞燭世俗身超然——然必覺悟。

●有生命力，人有希望；社會國家始進步——步向復興。

○黃黑紅白，多吃豆類；五色補臟體有益——益身強壯。

●肝強人健，腎健人壯；常吃纖維無體胖——胖人病多。

○善言一句，竟日則暖；惡語半點三秋寒——寒天飲冰。

●因分近遠，主副有因；誘發原因待明因——因惡廓清。

○鄉似桃園，景疑天上；消遙自在常樂住——住境地仙。

●衝開玄關，元神出竅；反璞歸真合自然——然後無礙。

○天人距離，源本合一；善惡系念分浮沉——沉無必昇。

●患腎結石，桃仁三兩；以水熬服可治癒——癒必神速。

○抱元守一，存心煉性；以達感應之境界——界係道教。

●默禱視一，洗心移性；以達博愛之境界——界係耶教。

○生逢亂世，潦倒落泊；壯懷夢幻負少年——年華似箭。

●契合自然，神遊太虛；自如無礙參天地——地恆不減。

○體無包袱，元神必出；得悟功果收內性——性清寡慾。

●執中貫一，修心養性；以達忠恕之境界——界係儒教。

○萬法歸一，明心見性；以達慈悲之境界——界係佛教。

●清真返一，堅心定性；以達清真之境界——界係回教。

○兩朝天子，一代軍師；一代聖人聖人師——師法先賢。

●有一日閒，勤耕力讀；無十分屈莫入衙——衙鬥損情。

○筆下宜厚，留有餘地；胸中蓄養無限機——機藏於心。

●言多招尤，適守緘默；書能益智須勤讀——讀要用世。

○兩眼宜明，多交益友；一日有閒勤讀書——書藏智慧。

●世上福家，無非積德；天下好事惟讀書——書益世人。

○認半句錯，省千般累；忍一息怒百年身——身保在讓。

●行事光明，莫悖天理；立身正大古人爭——爭必效法。

○克己律己，須從難處；求名求利先求己——己強得人。

●一夜獨宿，勝服藥百；人能惜精福壽年──年正身健。

○虔誠愛喜，獻香書香；花香內外品質昇──昇必美化。

●禮佛一拜，罪滅河沙；痛虔懺悔過必無──無可再犯。

○攀緣外境，多產雜念；心有執著病易生──生性坦蕩。

●不逢出世，明師竅點；枉服大乘法藥方──方在了死。

○禪淨雙修，一心念佛；參禪念佛淨土禪──禪念無念。

●放下諸緣，禪行攝養；死生念頭不能忘──忘了難了。

○法雨人華，莊嚴國土；大事因緣慧命開──開花結果。

●人間極樂，淨土清涼；花開見佛悟無生──生來佛性。

○天道秘奧，明師因施；電觸玄關飄天堂──堂與神在。

●明師一點，超生了死；頓悟漸修在人為──為必超生。

○以戒為師，精持戒律；一心念佛信願行──行必往生。

●微笑堂中，酬唱禪趣；禪語機鋒使人醉——醉語忘塵。

○學佛弟子，不忘聖號；我念佛來佛念我——我佛合一。

●放眼千秋，百年剎那；勳名雲散塵緣劫——劫無早悟。

○聰明睿知，守以愚誠；謙和自然循正路——路明業功。

●世上富貴，曇花一現；人間名利如浮雲——雲遊四海。

○心平氣和，理智可生；暴戾性燥事無成——成敗在己。

●人活於世，寧老無事；不可一日不做人——人德磊落。

○君心泰然，心若止水；形似石雕如山固——固坐靜一。

●淡於名利，首在素心；濃於富貴難厚情——情有得情。

○蘿蔔豆腐，客來莫嫌；菜根香味有濃情——情含真誠。

●愛過生憂，忍過生悔；恨過生笑讓過辱——辱無適情。

○勤必家興，懶必家傾；儉必家富奢家貧——貧難怨尤。

●尾閭中正，涵胸拔背；腰直肩沉頭頸正——正直坐姿。

○目視耳聽，口言身動；心想意念皆不妄——妄難氣貫。

●功名富貴，勳業蓋世；回頭一笑皆幻境——境淨可仙。

○技以工巧，藝宜超神；心參化境意必美——美必德潤。

●精住鍊氣，氣定鍊神；神凝返虛虛入道——道參靈境。

○讀書悟明，天根玄處，何懼有人問妙極——極能知變。

●物緣易捨，情緣難棄，人生因緣累終身——身死緣滅。

○身為人寶，善用百年；體護臟腑不容污——污腑必疾。

●認識不明，難置心腹；表面結冰底波瀾——瀾生必險。

○道本自然，無處非道；道法天地涵宇宙——宙貫人際。

●經世志業，心在福民；華國文章傳千古——古今同欽。

○智人論事，層次分明；愚人談物少條理——理有繁簡。

●希望毀滅，可以重燃；身體死亡難再生——生皆擁有。

○利害反覆，功過交攘；矛盾磨擦人際情——情結真友。

●社會人心，崇尚金錢；爵祿地位受世欽——欽值與德。

○志尚聖賢，時憂寰宇；心懷日月濟蒼生——生必得救。

●事測結局，人必至聰；明能全般智識高——高測深度。

○鍊氣保身，鍊神保心；鍊精知時時非時——時至神知。

●懷抱古今，心託豪素；清暉映世天開朗——朗朗乾坤。

○人難無錯，傻子再犯；事固有艱志必得——得心不餒。

●生命盡頭，必是死亡；太陽起落當有霞——霞光燦爛。

○厚植潛力，非僅國家；個人學德笑無禮——禮為人歡。

●事以工入，困以植得；德以化育學以長——長必虛心。

○形象名譽，別人肯定；個人性格自己決——決非人評。

●藝能得獎，姑算開端；技入愛心絕精進——進必無斷。

○昨為人主，今做獄囚；尊卑易位非關命——命知原由。

●命非天定，事在人為；運氣好壞心本善——善諸奉行。

○嚴辨義利，審分善惡；察以邪正明是非——非心難為。

●滿足生活，人生幸福；身體健康必愉快——快樂延年。

○悲觀思想，多存城府；樂觀主義少深媲——媲必成熟。

●事不哀求，得失不顯；功以倖致多居傲——傲必易敗。

○永不滿足，必生痛苦；人無困乏少慾求——求當進取。

●賢不求樂，只解煩惱；聖不爭名在明道——道存天地。

○慎以飲食，節以房幃；行以導引以卻病——病起色身。

●戒以瞋怒，省以煩惱；寡以嗜慾以去疾——疾由心生。

○寵辱不驚，肝木自寧；動靜以敬心火定——定必神明。

●心一無心，其心自虛；念能如思念自無——無念必思。

○無有無無，則無人我；修到無生死亦無——無字人訣。

●古聖施藥，先療人心；今人行醫療人疾——疾得欲情。

○靜坐須臾，狂心頓歇；克念作聖應放收——收必入門。

●攝生首要，主在攝心；人在養生先養心——心非形骸。

○養心在安，心安氣和；氣和神悅悅性見——見明道合。

●沖虛養心，恬淡養性；清明養神渾然氣——氣養於正。

○寬裕養量，中正養德；靜定養精無欲生——生入聖境。

●天簿以福，以厚德迎；事勞以形以逸心——心樂勞減。

○天危以禍，以修道通；人苦以境以樂情——情悅必喜。

●心源若清，外事不擾；氣海能靜邪不入——入無欲念。

○意不流散，守於內思；神不外役免勞傷——傷有神疲。

●心本虛靈，一著物意；起些惑心便不虛──不虛難靈。

○陰指人失，可作益師；陽責人錯友易仇──仇宜化解。

●有風不動，無風則搖；獨活物理難知曉──曉明陰陽。

○華池常貯，神來玉液；水似無源流不窮──窮必人枯。

●口咽靈液，藏疾不生；水滅百邪氣潤顏──顏似幼童。

○斷緣無事，清閒自在；閉門喪疏知聞絕──絕必心閒。

●心境廓遠，神會空靈；養性習靜思慮無──無得自得。

○鳶魚飛躍，海闊天空；閒看白雲釣明月──月伴隱山。

●謙讓卑自，路徑自寬；守後去先事無爭──爭必逞氣。

○白壁易埋，千載愁恨；黃金難買一身閒──閒先於心。

●採天地氣，以補人氣；用自然精以添髓──髓得日月。

○人食逾少，竅開年益；日吃越多心塞損──損必壽短。

●由儉入奢，易如激流；由奢入儉難登天——天鄙人佚。

○財使義理，千金不惜；用錢無益一文多——多必浪費。

●勤遺後世，可以致產；儉留子孫足守富——富必施仁。

○勤以教子，必可立世；儉以持家必無憂——憂必鬧窮。

●無用物品，縱廉必貴；有用飾質貴亦廉——廉必儉付。

○立世不儉，行為必貪；致業不勤難求富——富必儉求。

●以儉治家，必得安富；以勤理政國必強——強因以明。

○拙以寡過，緩以免悔；退以遠禍謙養福——福以靜壽。

●誠以養心，敬以養身；和以養氣儉養神——神以德養。

○閉氣入田，轉過尾閭；提忍便狀自脊上——上至泥丸。

●丸轉鵲橋，汩然嚥下；復歸丹田氣週旋——旋運氣暢。

○門多承風，舌多受禍；慾多捐身事多勞——勞應有獲。

●竹密難妨，流水逾越；山高不礙白雲飛——飛上青天。

○勤能養心，但須寡慾；儉可修德自延年——年高德昭。

●貧生於勤，儉生於富；貴生於驕奢生謠——謠佚復貧。

○財多不驕，子孫必賢；勢大不暴德仁留——留有餘福。

●祖宗產業，得自勤儉；子孫承遺豈能忘——忘不奢謠。

○結精育胞，可化生身；留胎止精必長生——生當惜精。

●腦為髓海，玄神不傾；順以生人逆成仙——仙道不墜。

○塵緣未了，御常不洩；斷慾絕滛精化氣——氣化神明。

●輕矯以重，浮矯以實；狹矯以寬方矯圓——圓融必通。

○傲矯以謙，肆矯以謹；奢矯以儉殘矯慈——慈悲為懷。

●貪矯以廉，私矯以公；狂矯以默動矯靜——靜以動合。

○躁矯以緩，惰矯以勤；剛矯以柔淺矯沉——沉潛不露。

●簿矯以厚，邪矯以正；診斷處方下對藥──藥矯以疾。

○天地氣逆，變為災祲；人身氣流無釀疾──疾因氣阻。

●憂愁氣結，忿怒氣逆；恐懼氣陷拘迫鬱──鬱氣必病。

○吹呴呼吸，吐故納新；人常勤為壽無已──已以導引。

●萬念皆空，虛靈寂照；動靜止息心澄清──清必靈明。

○靈台不澄，識神用事；識神不死無元神──神光難現。

●神統於心，氣統於腎；形統於首以交神──神主於中。

○神生於氣，氣生於精；精生於神必神明──明於靈臺。

●養於無損，年壽必永；生於無慾元神保──保於精氣。

○藏精於下，蓄氣於中；保神於上入丹田──田為丹寶。

●天以神曰，人以神目；目為神表心為宅──宅心仁厚。

○天道施化，萬物滋潤；人道施化形神亡──亡必精竭。

●無心為道，無念為宗；無欲為門無修修——修於無我。

○欲除煩惱，必先無我；息得心機始近玄——玄訣心明。

●遊於江湖，結誼緣林；縱橫山河愧無成——成於仁德。

○善惡人心，難收易放；放於名利死名利——利慾薰心。

●天地無窮，生命有盡；慾望無窮年有窮——窮追累命。

○心如明月，可連天淨；性似寒潭止水同——同於自然。

●萬緣難斷，莫過情緣；萬根易除慾難除——除非忘念。

○盡日遊山，卻不見山；千山環繞亦無山——山不是山。

●看盡千山，但不是山；回頭無一莫非山——山即是山。

○心靜神清，心定神凝；心虛神守滅神存——存必神活。

●神若不漏，則可保身；氣如不漏可全生——生易明道。

○心若不動，則可入聖；神如不動可全真——真元永固。

●天地大德，日月無私；仙佛聖凡皆懷仁──仁潤滋身。

○浮雲流水，忘言名利；朗月春風論友情──情義千秋。

●天無私覆，地無私載；日無私明照寰宇──宇內承德。

○江山不老，日月永明；青春長在數人仙──仙道修得。

●萬里江山，超然物外；千秋宇宙嶽立中──中流柢柱。

○心靜於久，真慧自生；性定於久心華開──開悟合靈。

●喜怒哀樂，發皆人心；七情六慾有非道──道心無欲。

○天下萬事，研究解決；世上人情皆本理──理通人和。

●悟理明心，寡慾清心；恬淡養心靜收心──心為神主。

○心靜則智，心虛則靈；心定則慧心誠明──明以養心。

●人可悟心，卻難息心；體常無疾因心病──病起繫念。

○放下一切，病無可生；塵緣了斷鬧中閒──閒雲逍遙。

●心有所繫，即生病因；一無系念自逍遙——遙望雲天。

○動心起念，源頭截斷；世上萬般看箇無——無無則有。

●隔行隔山，古今皆然；行業不明別冒充——充必吃虧。

○喜以為驕，戚以為懦；謙以為諂皆為言——言發以平。

●直以為凌，微以為險；明以為浮多因言——言多必失。

○無心犯諱，謂有心譏；無為發端疑有說——說必為因。

●簡以當事，曲以當情；精以當理確當時——時洽人敬。

○一言濟事，事必有得；一言服人必有理——理明人服。

●心易紛馳，則制其心；心易散亂先靜心——心收於定。

○心易狹隘，則大其心；心易自私公其心——心容於宏。

●心易虛詐，則誠其心；心易動搖定其心——心本於實。

○心易變遷，則一其心；心易逐境止其心——心守於義。

●心易無明，則安其心；心易起念死其心——心死神活。

○為善不名，可以積德；為惡近刑多亡身——身遭刑戮。

●心得其養，神自得養；神得其養生自得——得養於命。

○無欲謂聖，寡欲稱賢；多欲屬凡徇欲狂——狂必損生。

●慎言省氣，陽足神明；寡欲儉精真陰足——足必火旺。

○心壞神譴，行壞法懲；人壞世鄙無壞崇——崇必格高。

●人不上人，人必自上；人能自下人必高——高處以卑。

○人虛其心，心容則大；人實其腹必以誠——誠已成物。

●安靜醫浮，守默醫燥；存敬醫矜謙醫傲——傲於氣敗。

○守一醫妄，守柔醫剛；守弱醫暴道醫俗——俗氣盡消。

●人不謙卑，難受於益；心有矜狂必挫敗——敗昧謙傲。

○成住壞空，不斷遷流；生住異滅在演變——變幻無窮。

●三界無常，惱縛眾生；故稱火宅謂凡夫──夫轉輪迴。

○煩惱不盡，生死旋轉；業力牽引似車輪──輪難逾界。

●除盡煩惱，脫離六道；超出三界了生死──死而不死。

○多種善因，難得惡果；想免惡報斷煩惱──惱有豈聖。

●世上煩惱，起於六毒；動心惹念迷本性──性迷難覺。

○神是天眼，天耳他心；夙命漏盡通斷煩──煩無解脫。

●人在盛怒，所決常非；事不深慮謀多錯──錯定難補。

○清風滿懷，朗月在抱；萬慮皆忘塵不驚──驚有難靜。

●自知性僻，難偕和同；尚善身閒不屬人──人各有得。

○念佛法門，帶業往西；世尊慈悲度眾生──生往極樂。

●一心不亂，一門精進；諸法如義等一法──法等一切。

○天羅神地，羅神人離；難難離身一切災──殃化為塵。

●念佛的人，心向於佛；只此一念超三界——界無必佛。

○念佛一聲，罪滅河沙；煩惱解脫得自在——在世必樂。

●滾滾紅塵，一念清明；原來淨土在方寸——寸心無垢。

○忍辱息嗔，怨生菩提；諸佛道場在眾生——生得自度。

●欲得樂生，知足目前；富貴浮雲皆皆無——無非無為。

○佛本拯世，法為工具；僧伐佛傳度眾生——生身當修。

●慈悲平等，為佛心願；去惡行善自淨意——意無仇親。

○在俗異俗，在塵非塵；能特淨戒梵行高——高遠佛國。

●苦瓜黃連，消毒解厄；福得逆境滋味多——多少酸辣。

○恩怨情仇，任風吹去；喜怒哀樂拋虛空——空心爽然。

●獵艷偷香，竭精早死；熬夜通宵體衰亡——亡皆自取。

○塵海茫茫，慈航載渡；蔚藍大地萬物棲——棲必知恩。

●世事得悟，全在方寸；立通玄竅透天機——機不我執。

○生益於世，死利於後；超越生死得解脫——脫俗轉佛。

●上求佛道，是為自覺；下化眾生是覺他——他是菩薩。

○克服己心，強於攻城；不輕動怒勝男士——士忍謀遠。

●禪由師傳，道修在己；德以人積命聽天——天人合一。

○往昔惡業，現起三毒；身語意生悉懺悔——悔必淨心。

●觀鼻端白，身心內明；圓洞世界成虛淨——淨如玻璃。

○煙相漸銷，鼻息成白；心開漏盡化光明——明照十方。

●大疑大悟，小疑小悟；不疑不悟是佛教——教明易佛。

○眾生心體，皆如明鏡；塵垢遮障無光亮——亮須勤洗。

●是非固有，不聽則無；謠言縱生止於智——智此能判。

○緣生緣滅，本不定常；情結眾生無限悲——悲生於情。

● 天地萬物，俱云有相；夢醒花開皆幻虛——虛空本幻。

○ 光明正大，心是天堂；卑鄙邪歪必地獄——獄中黑暗。

● 奮戰不懈，必得勝利；遇事鬆弛絕失敗——敗部復活。

○ 山深獸多，水暖魚歡；花香鳥啼人樂天——天我合德。

● 非有創造，難謂革新；人無作為豈言績——績分遠近。

○ 簿以自供，則謂惜福；厚以施人是培福——福得人造。

● 欲得富貴，便要知足；能佔便宜先吃虧——虧心不可。

○ 鳥語溪聲，共享天籟；花香人卑處處樂——樂在靈性。

● 禪房經堂，梵音盈耳；心佛意佛處處佛——佛在心中。

○ 素食淡味，絕少疾病；魚肉過度必傷身——身健在鍊。

● 流泉飛瀑，山清靈氣；朝曦晚霞心忘我——我入幻境。

○ 耐煩先學，快休使氣；性躁心粗濟事難——難成大事。

●人將臨終，佛號念勤；去何所戀寧泰然——然必往西。
○無所不知，謂之菩提；寂靜不動是涅槃——槃中識明。
●萬法之性，謂之法性；覺性佛性心異名——名明心性。
○身淪業海，欲脫極苦；阿彌陀佛能救拔——拔必繫念。
●人身既得，佛法當聞；今生不度待何身——身沒難修。
○淨土法門，唯在念佛；聖號朗默看修持——持久必佛。
●販夫走卒，聖賢智愚；勤能念佛皆淨土——土在十方。
○六塵五慾，皆屬假象；透悟諸法均虛幻——幻身足空。
●凡夫心地，慧光不明；照澈物影怕現實——實與佛反。
○生猶朝露，去日無多；縱策良馬難忘憂——憂無念佛。
●未見性人，于臨終時；如何用心得解脫——安菩提心。
○安菩提心，是如來禪；念佛身法禪淨一——一乘念佛。

●思無忘慮，佛自現前；直下無心本體明——明心法傳。

○心關緊閉，識鎖難開；撞發擊機必頓悟——悟心智明。

●何謂是佛，佛者覺也；欲得覺圓須觀心——心忘一切。

○心念澄清，智慧必生；淨土是心信願行——行必觀心。

●有妄眾生，無妄是佛；念念不生無念佛——佛在發心。

○漫步街頭，冷眼觀世；滾滾人潮奔前程——程式不一。

●徜徉大地，享受自然；縱目海天浪起落——落必復起。

○三毒蔽天，五欲橫流；貪嗔癡愛障行路——路明禮佛。

●善不可掩，惡豈能藏；禍福無因人自取——取必受報。

○戒可止惡，定能息妄；慧足生智覺真如——如心所願。

●學佛根本，在心用功；心地無非自戒起——起性在戒。

○自戒做起，習定生慧；去惡從善消煩惱——惱無心明。

●靈嚴寺松，南華寒枝；樹木無情似有情——情通僧佛。

○美味百陳，華榭舞臺；難比陋簡菩薩心——心願悲慈。

●心性功德，無量無邊；觀心法是如來禪——禪以心佛。

○發心授記，授記成佛；有緣聞法當發心——心證菩提。

●心懷快樂，勝遠智慧；困坐愁城曰如年——年度猶時。

○外息諸緣，內心無喘；心如牆壁可入道——道明攝心。

●已見性人，解脫自在；超出輪回往生處——處必淨土。

○竹可怡情，荷能養性；松風煮茗好論詩——詩酒談心。

●萬緣放下，一塵不染；人得勤修脫生死——死後證果。

○浪跡天涯，滾過紅塵；留白長空心覺寬——寬廣大方。

●事不做絕，必有餘味；福享完了人吃苦——苦中明樂。

○言若道盡，話中難情；勢不倚全明餘香——香裏知臭。

●決心拿定，斷事策謀；良心放平做人先——先我無作。

○邪見無識，難策遠謀；偏私執拗事必敗——敗無正論。

●隨著洪流，載沉載浮；冷眼街道人車潮——潮輪爭先。

○熙攘來往，面色凝重；擁擠張皇人匆忙——忙難從容。

●事猶夢幻，生若朝露；虛幻無常皆空忙——忙中宜明。

○留住夕陽，漫步人生；江山美景著欣賞——賞心悅目。

●生於世間，生活充實；智慧領域宜擴展——展露笑顏。

○花朝月夕，細語溫存；平靜心湖無漣漪——漪蕩起波。

●關掉閒愁，開啟樂觀；藍天白雲寄雅興——興趣盎然。

○疆場固雄，志與主違；風波奇冤待昭雪——雪洗岳王。

●末法時代，五濁惡世；守護六根學清淡——淡明福佛。

○男因妒才，心多敖慢；女為嫉貌性美嬌——嬌人一等。

●孤寡老少，閒愁困厄；貧富智愚當念佛——佛法可救。

○學禪修仙，悟道明性；持念聖號淨土心——心往極樂。

●菩薩無心，如響斯應；眾生有求隨叫來——來必拔苦。

○心牽世情，塊磊難銷；究明禪佛方寸廣——廣大虛空。

●萬燈璀燦，群英慶功；文武展才龍虎樂——樂不生悲。

○得不喜多，失不嫌少；逆不惡厭順不欣——欣明坐禪。

●敏感自私，必絕人緣；急躁易怒缺友善——善得性和。

○剛愎自用，暴戾成性；頑劣不悛難立業——業創仁德。

●覺必菩提，迷皆眾生；佛法有因遇緣度——度必信誠。

○身離母胎，登上戲場；蓋棺論定演終了——了卻人生。

●念念無念，思思無思；若稱佛號證無為——為必淨業。

○三界唯心，萬法唯識；心包太虛容宇宙——宙雄彰明。

●國不污侵，莫若自強；人遠凌欺在有志——志雄高遠。

○受人污罵，佛認消業；貧苦病厄生菩提——提外福報。

●佛法世法，知見相反；凡夫認壞佛認好——好明因果。

○心淨土淨，心污土穢；修習萬法皆可淨——淨土在心。

●西方淨土，唯心所現；自心能淨舉念至——至在佛中。

○親恩情深，浩天罔極；報達母難當素食——食不殺生。

●名利看重，只緣身見；世上英豪多殞命——命繫於迷。

○融和禪淨，儒釋合一；佛家捨世儒治世——世人胸懷。

●喜極忘形，怒極喪命；哀極神銷樂極悲——悲因樂起。

○愛極苦惱，恨極殺伐；欲極玩命困極勇——勇因厄生。

●事受肯定，暫難否定；時經歲月再論評——評本以公。

○身心清靜，遍體玲瓏；人欲淨盡天理行——行得愉快。

●溪水清澄，林木幽深；曲折迴繞路相通——通天步道。

○瀑布溪流，噴珠濺玉；松風梅香透心涼——涼亭歇憩。

●心香一瓣，遍滿十方；一切諸佛悉皆聞——聞法得福。

○受諸異道，不毀正信；雖明世典樂聞法——法得於佛。

●禪需智慧，淨土要誠；密練氣功看人為——為必證果。

○地獄門前，一朵蓮花；鬼門關口有紅燈——燈亮避入。

●才足經世，悟足傳心；化足契機操勵人——人皆敬服。

○親情愛情，友情恩情；近親遠疏總在情——情生是非。

●世間男女，糾纏千古；利己事物孰不爭——爭必光明。

○世上煩惱，無明組合；隨緣境轉是眾生——生多無樂。

●能化煩惱，智破無明；得悟菩提即成佛——佛無愁苦。

○飲食健身，世俗養生；仁義天命為儒壽——壽長蓋德。

●慈悲智慧，佛家養生；服氣煉丹為道門——門明命長。

○悲智雙運，福慧全修；超越生死壽命長——長養天年。

●故事人生，榮苦酸甜；世路歷練難道完——完全不一。

○悲戚冷酷，孤獨歲月；五福臨門裔滿堂——堂內不同。

●太平盛世，競安自業；時局動亂生死別——別有苦樂。

○環顧世情，詭譎多變；動蕩不安英雄起——起必匡扶。

●好壞順逆，喜厭恩怨；是非利害總要明——明不傷人。

○濫發脾氣，失人損己；和煦春風必得眾——眾服於德。

●一帆風順，事美人喜；世路坎坷不恢心——心餒喪志。

○得志於少，難明世險；飽受風霜步法穩——穩健向前。

●五慾人生，捨必能聖；八風吹來動非賢——賢乎可神。

○潔淨身心，一意稱名；阿彌陀佛七日成——成佛唸虔。

●西方佛土，遠隔億萬；自心能淨唸立達──達必往生。

○唸佛唸心，心唸佛來；佛即是心心即佛──佛從心生。

●聖鑑明智，理事不忙；愚頑昏庸忙必錯──錯中有得。

○黃粱春夢，閃逝幻影；五蘊翻騰孰是非──非奈我何。

●助人濟錢，世稱美德；片語解紛必陰功──功由行積。

○待人誠敬，處世忠厚；做人平易情人達──達於至性。

●敗德招愆，損名喪譽；盜淫偷搶法難逃──逃必守分。

○滿園花卉，養魚池中；景庭院美娛人生──生必有樂。

●蘆筍治癌，效驗神奇；煮熟打泥早晚飲──飲罐汁同。

○一個說謊，縱遭射殺；時像刺人虎頭蜂──蜂刺傷人。

●有理能讓，方為君子；無理取鬧算小人──人必眾鄙。

○達時身顯，晦時形隱；人生際遇本無常──常宜心平。

●人無長進，病在護短；事有開展因檢討——討論客觀。

○勸人於前，悔必無恨；責人於后心常怨——怨易結仇。

●人生設限，自必作繭；事物不明理未通——通於識學。

○孰人背后，不言是非；何事不為能驗明——明必知決。

●錢非罪惡，在用失當；愛過貪婪必多孽——孽生於行。

○天國酷寒，空靈蒼穹；人間溫暖至愛生——生必不剋。

●扮演小丑，絕非傻愚；喜悲戲中皆聰明——明有正反。

○敲點邊鼓，有助事成；直語固美宜假言——言當斟酌。

●簿施於人，豈望厚報；貴若忘賤難享久——久因不狂。

○暗語傷射，傳聞釋懷；胸襟開闊難計較——較必生嫌。

●身置境內，當察境外；人昧處境難觀情——情明易處。

○貴不忘賤，人難心驕；富如忘貧人必傲——傲人必敗。

●憐憫同情，人類本性；博愛世人心曠達——達觀進取。

○齒硬易折，舌柔常存；處世猶舌常得人——人剛濟柔。

●三民主義，共產思想；法固不同質亦異——異於仁暴。

○大財由天，小富因儉；戲縱暴有妄狂敗——敗必驕奢。

●生必有用，死絕親傷；死生大事當慎行——行符仁義。

○本以理論，統御龐雜；人以識見始明達——達必法多。

●富貴不攀，人品潔美；貧窮不棄必仁義——義行普照。

○心近富貴，世態人情；親舍貧窮多炎涼——涼必無仁。

●不解教理，執著迷信；人易癡狂心態魔——魔生幻夢。

○處近易隙，不隙恕和；友遠易疏不疏密——密必相往。

●靜坐澄心，默觀本性；寂然不動虛靈生——生明萬理。

○人有疑心，然先讒人；物必自腐始蟲生——生無腐現。

●呼吸吐納，存神運想；閉息按摩氣必通——通必無病。

○以氣為本，以息為元；以心為根賢為蒂——蒂生臍下。

●臍下三分，息總百脈；呼開吸合氣浮沉——沉濁清浮。

○陰陽升降，猶人呼吸；天地闔闢血脈通——通於心腎。

●摒絕外緣，滌慮清心；明窗淨凡閉目坐——坐必通神。

○無數明天，不如今天；光無遠照天必黑——黑天難明。

●愛過於溺，適足於害；力大於重易輕取——取無逾量。

○財富榮譽，權力教育；環境體力難求平——平心以競。

●人正無私，鬼神必懼；事處秉公眾皆平——不平必鳴。

○心養寡欲，養肝戒忿；養脾節食肺勿勞——勞過氣傷。

●胸膈舒泰，氣血暢流；隨緣度日心神安——安必健壯。

○聲色損身，寡戀必少；煙酒傷體不貪無——無必自絕。

●酒色財氣，毀身損友；功利富貴多受惑——不惑必淡。

○不識廬山，只緣身在；人在福中不知福——福由自明。

●笑有多種，苦笑最難；哭各不同假難哭——哭怕無淚。

○世上萬物，以人為貴；善保元氣戒怒慾——慾過必傷。

●酒香撲鼻，詩醉情韻；花間低徊袖傳杯——杯中人影。

○酒醪千斛，良朋滿座；丹心緣酒抒豪興——興雅心雄。

●一杯在手，千里懷人；傾壺解愁事淡然——然不知醉。

○食物滋味，久必生厭；藝書茲味逾人濃——濃必入深。

●啟發人智，莫逾故事；學涵深厚必樂道——道必合情。

○人善詼諧，眾易親近；好講故典必有學——學宜莊諧。

●野隱奇士，陰護於國；拱衛江山代有賢——賢非常人。

○善惡是非，取決一念；正誤起步定人生——生分禍福。

●視鼻端白，數百入息；綿綿若存用不竭——竭非靜寂。
○妄想得病，神仙難醫；氣鬱於心必生疾——不疾遼曠。
●戒慎恐懼，擇善固執；自強不息仁義行——行於誠德。
○虛極為道，靜篤通神；千種靈異萬般用——用必神明。
●手攀鐵窗，張望天空；飛鳥翱翔多自由——由身因囚。
○執著於一，不能圓融；事擇於善在求通——通必眾舉。
●心明如鏡，不蔽物欲；照於聖魔分善惡——惡形易現。
○富貴福澤，不過浮雲；貧困憂戚安處順——順養德強。
●事功當積，儘可絢爛；心性養於要平淡——淡於無痕。
○遠離市塵，隱讀深山；一心清靜了無痕——痕生必擾。
●涵養須敬，學在致知；敬可養心義養氣——氣塞天地。
○大奸似忠，大詐若信；大巧猶拙大智愚——愚以察情。

●儒家主張，聖化生命；道佛強調以神化──化與靈合。

○物質境界，功利獸慾；精神領域德人性──性非獸化。

●持志高尚，聖傑自期；超世獨特任天下──下必緣多。

○渾融物我，含宏天地；同天立極因物化──化必作聖。

●博覽群藉，智不愚惑；執著一隅難望天──天空無暗。

○懲忿窒慾，去邪存誠；善執擇固事求是──是為治事。

●大公無私，有為有守；任勞任怨本自強──強不思自。

○直躬勁節，明恥養勇；乾健剛強居仁義──義立天地。

●下齒前伸，頭頸後縮；閉氣滿胸難忍吐──吐污必健。

○境遭苦難，心中宜樂；人生途旅不相等──等必無競。

●靜處萬變，不靜難處；亂難應事心主宰──宰以自定。

○常行靜坐，以觀本心；人能反觀得物情──情觀以理。

●富謙知禮，豈生驕淫；貧勤明儉心何懼—懼必因求。

○心存公德，人神舉敬；人去私慾必轉愛—愛人必仁。

●物來虛無，復歸虛無；觀無一物了無得—得復於無。

○人一無心，自然通神；無心觀物悉歸無—無必靈明。

●觀非以目，係以心觀；非觀於外反觀內—內觀以理。

○無佛心中，不生夢魔；人遠離神撤旦多—多因無主。

●處於富貴，心無富貴；臨於威武無威武—武有何屈。

○居於貧賤，心無貧賤；遇於得失無得失—失有何動。

●適於毀譽，心無毀譽；當於生死無生死—死有何變。

○以物窮理，秉於科學；以事究理合人情—情符心應。

●寂然不動，感而遂化；一塵不染與天合—合必通神。

○利害不搖，毀譽不動；生死不變貪不移—移必志喪。

●人行靜坐，暫求空靈；別誤參禪謂出世──世人宜明。

○人心一靜，無物內外；宇宙天地成一片──片唯靜心。

●人想財色，必為動心；念無富貴必絕欲──欲起宜截。

○修無欲易，得無念難；心中無念契天心──心物合一。

●馳心功利，醉易聲色；競承物慾難脫俗──俗難入聖。

○萬緣於下，從於靜坐；定性冥觀凝神寂──寂然忘念。

●天人合一，人與天通；神人合一與神接──接必感靈。

○在道不遠，為道遠人；不足為道在爾心──心外無道。

●自私貪婪，耆色欺弱；功利畏死獸性人──人無必美。

○遠存先天，近存一心；物形名體眾寂無──無必謂道。

●天地合德，日月合明；萬物合情事通理──理守中和。

○世上人事，守一必成；守無致一可制萬──萬事在守。

●心中盜賊，起於嫉妒；氣度恢宏是良藥——藥醫狹窄。

○靜以制人，人受靜御；動以成事無動難——難以果得。

●矯以效人，終喪本色；人以率性見真情——情發於美。

○縱蒙一時，難騙永久；做人無誠終落敗——敗必自取。

●盛氣矜心，無益人際；意氣用事後必悔——悔不當初。

○髮眼鼻齒，舌耳腦面；頸腺肩乳命田丸——闇膝泉趾。

●好生惡死，人為常情；喜逸厭勞人皆性——性可境轉。

○宇宙萬物，不外陰陽；陰陽不交天地息——息無萬物。

●上通古人，下接來今；天地悠悠獨怡樂——樂必共享。

○動以成物，不動難成；靜以成聖非靜無——無靜難聖。

●天地合德，日月合明；萬物合體眾合性——神明吉凶。

○道可頓悟，聖須勤修；理可立明德漸進——進必於道。

●沉於娛樂，酒色易染；愛於詩書智必開——開必明悟。

○民為邦本，可言萬世；國有主權人自由——由於獨立。

●龍蝦脫殼，新體出現；塑造命生可不死——死殼命永。

○舌伸齒外，舐唇兩夾；嗽液滿口嚥入津——津多不老。

●神經傷勞，莫逾動怒；反責寧靜氣必息——息腦神清。

○照顧自己，始及別人；事物不明豈能宣——宣必有根。

●片言啟悟，直指心源；一語破的開慧門——門有智愚。

○人善於書，觀蛇悟意；觀劍得草非臨帖——帖摹易執。

●人能善文，未必可詩；擅長於彼必短此——此難雙全。

○觀虎不警，見狗卻避；看人無情終難友——友非虎狗。

●陰陽升降，周而復始；天為一年人一日——日人周天。

○道不可執，執著必死；不執則活順自然——然行合天。

●身為乾坤，體法天地；人配五行合陰陽——陽消陰長。

○旗竪海疆，秉於正朔；旗賊難立義分明——明必忠奸。

●閑觀物態，生意盎然；靜悟天機入窈靈——冥生必忘。

○道在險夷，隨處皆樂；心忘魚鳥自流行——行必自然。

●定心不動，謂名曰禪；神通萬變謂曰靈——靈徹人天。

○智周萬事，謂名曰慧；道元合氣謂曰脩——脩必明訣。

●真氣歸元，謂名曰鍊；龍虎相交謂曰丹——丹成長生。

○山中松柏，長青千年；世間難不死瑞人——人死難生。

●默坐澄心，體認天理；靜涵自然得聖功——功必明道。

○超凡入聖，超聖入神；超神入化溶自然——然必虛靈。

●坐向東方，取冀生氣；時在子午晨晚宜——宜放一切。

○一念不生，內外雙泯；清虛澄澈心境忘——忘卻形體。

●煉精化氣，煉氣化神；煉神還虛虛合道——道化登真。

○學以性功，修心聖德；習以命功在求壽——壽明鍛鍊。

●外鍛強壯，鍊筋骨皮；內健不腐精氣神——神由臟得。

○效以天地，法於自然；明悟修證道在踐——踐以天人。

●人生修養，道家境高；深藏若虛隱不彰——彰必搏世。

○沖虛恬淡，逍遙無拘；性光浩蕩出入由——由因道明。

●回機一蹴，滲透三關；枯樹逢春花滿山——山中得月。

○智以賅言，事明立斷；愚以繁語多不清——清必易裁。

●心殺境僊，境殺心凡；心不慾動物不遷——遷必難聖。

○心中無物，乾坤自閒；寂心止念了凡塵——壟洗必淨。

●日理萬幾，若無幾然；身置鬧處以靜得——得必靈明。

○文章千古，名利浮雲；江山常存人事非——非關成敗。

●順人逆僊，返還先天；道脫形骸養聖胎——胎有後天。

○涵養須靜，事功用定；澄然神間轉世物——物轉非定。

●古今文人，性僻情乖；傲於當世多不群——群悅必崇。

○道非玄奧，養於藝術；培育元陽得真氣——氣暢體強。

●打掃心地，滌蕩一切；轉愚為智超聖域——域境必悟。

○清虛寧一，飄逸絕塵；洒脫不群出凡俗——俗難入聖。

●靜極直超，天地以外；定中常見伏羲來——來必道合。

○儒本入世，釋主出世；道論超世非對立——立於調融。

●繫心守竅，貴在制心；收放任由久久熟——熟能生巧。

○千言萬語，不過煉心；萬修千煉只在聖——聖必神化。

●心至無心，神明自定；一靈獨耀照乾坤——坤合天地。

○道法三千，執各苗根；煉得竅一可入聖——聖必超凡。

●一塵不染，萬境諸寂；心法雙泯能兩忘——忘必皆泯。

○他鄉遇故，當珍拱璧；善交益友勝詩書——書潤心田。

●動滅靜存，動死靜生；潛能生力靜涵育——育於靜得。

○聖德須自，靜中養來；煩惱皆從動處得——得難聖門。

●看看別人，想想自己；放眼世情身何處——處謀遠近。

○動功鍛體，延年卻病；靜功性鍊聖神化——化於靈性。

●鍊鐵成鋼，煉心可聖；正盡明見煉中得——得必純界。

○正心盡性，明心見性；修養心性皆靜煉——煉於聖道。

●紛馳散亂，浮躁粗暴；驕矜自炫與狂傲——傲必難事。

○孤僻萎靡，頹唐昏庸；雜念邪見和固執——執必難功。

●憎愛貪淫，瞋恨癡迷；無物執著心虛正——正必撥亂。

○人有千言，發於心口；世無緣義難共利——利生於和。

●人能遣怨，其心自靜；性澄其心神自安——安必無擾。

○教忠教孝，為父母責；宏揚倫理世倡風——風必眾崇。

●井蛙但悉，世無龍窟；籬鷃不知有鳳巢——巢有大小。

○虛無玄竅，外超天地；精氣神合脫生死——死非神亡。

●氣守虛無，待以擒來；性命在我萬緣畢——畢必靈活。

○萬劫動修，難以入聖；惟有靜法可通神——神靈無塵。

●胸懷灑落，光風霽月；仙骨道氣通古今——今明於古。

○物生境界，人極最高；天地合德日月明——明於時序。

●做惡於明，人法共誅；行邪於暗鬼神罰——罰於陰陽。

○靜坐定禪，實非消極；說來無用反大用——用在徹悟。

無才智　品端身正
人類之範
有才智　行詭言詐
人類之恥

韓振方 著

人生智庫 塵海微語

第四冊

中華民國乙酉年 國父誕辰於東海蓬萊仙島——台灣

●多樂語溢，多怒神攪；多事人嫌多嘴厭——厭必人棄。

○久視損眼，久聽傷腦；喜怒損性哀傷神——神必昏亂。

●人重養生，必輕於物；物輕於生為物累——累機在物。

○好生惡死，人類常情；好逸惡勞心本性——性向使然。

●知止能定，定后能靜；靜后能安安能慮——慮后能得。

○煉養心性，莫過靜坐；養於氣質開慧悟——悟於入聖。

●養於心性，精氣神德；慧誠勇仁皆本靜——靜得入神。

○天下至動，勝以本靜；處世極變制以定——定必及謀。

●變化氣質，陶溶人品；大開慧悟超凡聖——聖得於靜。

○人神好清，但為情擾；人心喜靜因慾牵——牵必難靜。

●旁觀則明，明必心悔；行犯於錯得譴人——於迷當局。

○人迷於樂，先樂後苦；心悟於苦境必樂——樂必明悟。

●隨年老去，形必順生；歲返童少得逆化——化於神境。

○成吉斯汗，牧馬歐亞；彎弓射鵰稱雄豪——豪氣千秋。

●磨鐵成針，蒸米成酒；曝一十寒終難功——功必有績。

○閉目養神，止聽養聰；緘口養氣息養身——身心愉快。

●寡慾養精，少食養壽；無念養心勞養體——體本動靜。

○扭轉呼吸，增足元陽；吸多呼少氣益身——身必如童。

●氣足養身，尤可養精；增強機能神必旺——旺必無疾。

○轉移命運，得多行善；扭變禍福必積德——德以化祥。

●操於生死，不在命數；命由我修福自求——求必逆化。

○為而不得，固然世有；未有不為而能得——得無天降。

●富貴貧賤，窮通否泰；壽夭生死非命縛——縛必凡夫。

○添精補髓，返老還童；創造元陽化生機——機得於氣。

●內養充實，外必健壯；五臟不朽體必強——強實內外。

○人陽氣盛，百病不生；人陰氣強患侵體——體精不足。

●氣聚丹田，充於五臟；散於百骸氣必全——全透任督。

○以勤立德，必為君子；以儉節吝必小人——人急以急。

●安禪養性，樂善修身；心如明鏡奪日月——月日永輝。

○聖神浮升，蓋靈可攀；鬼魂落沉惡靈降——降因無德。

●秉忠至孝，靈必超拔；嗜殺逞盜獄必留——留因行惡。

○超出物慾，靜養虛靈；行善布施廣功德——德高必神。

●劫由人造，必須人化；化在革心看正邪——邪去必化。

○行以孝先，事以忠得；惡以淫首善以德——德被蒼生。

●瀑下巖谿，雷音陣起；風驚竹葉燕群飛——飛來風息。

○雲生嶺上，風起谷底；人隱山中好看天——天青日白。

●龍吟海月，虎嘯山風；雲閒流水傲自然——然於清靜。

○誠以通靈，靜以養性；孝以傳家義處世——世必宜得。

●藝可弘德，美無止境；文以載道能久名——名以符德。

○天地萬物，生本順理；陰乖陽違必逆情——情逆必絕。

●牛眠吉地，脈穴難尋；選葬祖墳必以德——不德必斷。

○儒謂齋心，道曰修心；釋云明心以心轉——轉念必得。

●心不能齋，忠恕難得；心不能明豈悟禪——禪通必明。

○生活規律，營養均衡；藥補食補非重要——要必勤動。

●日有陰陽，始分晝夜；心別善惡判人鬼——鬼難上達。

○忠孝仁義，人必當守；菩提玄妙方家行——行必本道。

●空無實虛，悟得玄竅；功勤修鍊拔由天——天超必善。

○功名顯耀，修道無關；富貴榮達禪不慕——慕難超慾。

●看人詭行，遠離不忤；察人秘密覺必羞——羞必成怒。

○長短善惡，人辨必智；明達哲士必自明——明於世情。

●人到五十，四肢鈣化；起臥定時必勤動——動當有功。

○花開滿山，蟬鬧枝頭；黃葉飄飄雪紛落——落花無情。

●琴棋書畫，漁讀耕樵；愁山推倒樂陶陶——陶於垂釣。

○世無淨土，淨土在心；欲得神佛先洗心——心淨難穢。

●宿仇相逢，心固眼紅；放人一馬德必高——高人無怨。

○虛心納諫，曠達反省；勉人規過必推誠——誠非訕諷。

●原諒自己，人性通病；好責別人難反照——照於人己。

○愛深責切，護不忍偏；抱恨內疚錯已成——成咎非人。

●怙惡不悛，難勸向善；棄刀成佛心一轉——轉於一念。

○以惡視人，天下皆惡；以善視人世皆善——善必無惡。

●天下人事，皆本一理；世上萬物難離竅——竅撥人物。

○智高於人，以德化眾；慧明於心易通學——學必達解。

●世無絕愚，只有執著；人無聖智因心慧——慧靈必聰。

○割胞斷義，不言於害；隔蓆絕交非無情——情生不損。

●人非蠻獸，皆通情理；物能明達必智聰——聰慧必謙。

○知錯痛改，人必智勇；明透是非必通情——情有正反。

●目光相觸，當明心意；言語不合可轉寰——寰中巧用。

○龍來東海，興風致雨；虎出山林騰嘯月——月照虛空。

●清濁能判，善惡可別；是非曲直當分明——明身以處。

○天地正氣，身滌可奪；陰陽造化人善得——得於靜禪。

●怨難匡時，楊朱違仁；仁非處世墨翟鄙——皆難救民。

○道修真空，悟不為著；禪在參靜不為執——執著難靜。

●以空為著，難謂真空；以靜為執非真靜——靜空無象。

○空無物象，可參天地；靜能寂滅能悟玄——玄於通道。

●體恤諒恕，甘雨和風；誹謗辱侮容得祥——祥雲瑞心。

○揭短揚私，絕非敦厚；聞惡聽謗耳邊風——風過必散。

●刻簿理財，貧心貪婪；勤儉樂施心富足——足必心安。

○靈性修養，禪無不通；善心啟發道必明——明必入竅。

●四時歲月，催人時序；榮枯得失非關情——情不禪悟。

○德以滿損，福以驕滅；聞能遷惡過立改——改必能聖。

●人爭於氣，損財傷身；強於命鬥心難靜——靜不難平。

○學道安禪，靜修造化；敦行八德悟玄機——機明必聖。

●是非難情，情生手足；理論長短利害較——較計不情。

○靜思漁樵，利慾心淡；趣耽泉石名念消——消不戀棧。

●理用權巧，萬事皆通；情本親誼無是非——非關長短。

○藍天無雲，萬里晴空；山不染塵明月照——照亮大地。

●烏雲滿天，雷電風雨；日月無光大地茫——茫茫乾坤。

○於長責己，絕難增惡；短於責人必成善——善果必甜。

●慈悲博愛，心懷濟人；澤被蒼生德留世——世人敬仰。

○雞禽報曉，鳥燕鳴春；烏鴉反哺羊跪乳——乳報於孝。

●松竹勁節，梅菊貞麗；鍾靈毓秀山嶽雄——雄於正氣。

○身教言教，君子德教；人師經師萬世師——師承道統。

●白壁無瑕，明鏡難塵；心靈皎潔身脫俗——無俗豈凡。

○清析頭腦，對應靈敏；莊嚴語調帶詼諧——諧必押眾。

●精以化氣，氣以化神；神以還虛無窮妙——妙在參神。

○俗慮悉化，恩讎俱滅；人我皆忘惡不留——留難悟道。

●遍身輕快，隱顯莫測；陽神出舍行無礙——礙難丹成。

○丹成九轉，遍體皆香；爐安立鼎歲月長——長并天地。

●旋轉陰陽，降龍伏虎；發動丹田腹雷鳴——鳴必妙得。

○鏡不染塵，時因常拭；心不著物在養性——性養必醇。

●氣運尾閭，脈絡旋轉；三花聚頂氣調元——元氣可神。

○世運否泰，人心剝復；純雜相因品行殊——殊必善惡。

●外現慈悲，心蓄詭譎；論信說義誇扮善——善必蝨賊。

○人明懺悔，世德無虧；孝悌四維守可禪——禪參道明。

●善猶青松，嶺上獨傲；惡似花草任殘踏——踏必靈辱。

○光億年論，宇宙浩渺；星球太陽系地球——系有千萬。

●權力衝突，芥蒂易萌；誤會既有難澄清——清必溝諒。

○人生背景，可塑個性；陰騺寬宏識廣狹——狹必險多。

●裂痕既生，怕宵撥弄；處有假敵畏助瀾——瀾波難熄。

○心有形物，萬物宜空；性無形體根須靜——靜明悟道。

●靜極則虛，虛極氣清；清明大道道通玄——玄悟真常。

○安爐養性，立鼎培靈；皓月照空塵根淨——淨心必虛。

●人以微笑，美化社會；和諧人類以禮讓——讓必不爭。

○白浪滔滔，無痴必覺；紅塵滾滾心應醒——醒必不昧。

●星光燦爛，日月競輝；天朗氣清山河秀——秀啟人智。

○身懷世憂，家無石儲；俠似劍客達酒徒——徒必非凡。

●千丘萬壑，重巒疊嶂；朝暮變幻桃源景——景美難容。

○西風斜陽，英雄傲骨；畫屏銀燭劍光寒——寒夜憑欄。

●嬌花浪蝶，寶劍留痕；烽火幽蘭識英雄——雄非於戀。

○艷曲舞影，魂斷藍橋；鐵馬雄風春去也——也當養晦。

●果生於樹，其果則甜；錢昧生息難滚多──多必善用。
○觀察自然，窺以情理；體驗生活本悟得──得於智慧。
●百貨公司，售有必進；教勤不學必陳貨──貨舊必汰。
○清風明月，紅霞蒼煙；不染塵緣樂自然──然得於禪。
●色令人盲，音使人聾；味能口爽固益身──多益心害。
○六合宇內，風雲雨露；陰陽水火皆謂道──道化於成。
●忠恕仁義，孝悌廉節；行善布施皆是道──道功於德。
○無物非道，無處無道；道體亦空用亦實──實虛皆通。
●參禪辟穀，證聖成真；養性全命脫生死──死悟妙玄。
○厚恩給人，人怨德愧；善言勸人怒未和──和氣不怨。
●才高譽彰，無驕難累；德重謗起有必偏──偏當反省。
○寵辱不驚，肝木自寧；動靜以敬心火平──平必自平。

●飲食有節，脾土自清；憂慮盡刪肺金榮——榮非人榮。

○色慾看淡，腎水自盈；心無妄動萬法明——明以參悟。

●人因無知，始相殘殺；人去自私必和平——平等相處。

○培植人材，始無後顧；寡頭行為業不繼——繼無人接。

●生活習性，一時難改；欲尋故友明落點——點明易尋。

○身修塵俗，性養煙霞；性分清濁心動靜——靜決於心。

●博厚高明，量如江海；智慧圓覺性雲霞——霞光必美。

○壽命在己，不托於天；訣於安禪悟必長——長并日月。

●偉哉蔣公，超越雎憤；報怨以德保曰皇——皇民感德。

○中正堂前，景美如畫；紀念館內列功績——績業千秋。

●學海無涯，由岸築勤；青雲有志路為階——階由自搭。

○蔣公倡議，韓國獨立；雅達密約俄侵朝——北朝南韓。

●存心養性，寓理帥氣；盡己達命天人合——合一必悟。

○不憂不懼，樂道順天；無聲無臭穆不已——已然心了。

●不睹不聞，慎獨存誠；戰戰競競莫現顯——顯必易睹。

○研幾窮理，體仁尚義；自反守約克復禮——禮仁必美。

●物我皆忘，心如明鏡；利慾淨盡性浮雲——雲天遨遊。

○仁民愛物，聖以入世；綱常忠恕出世法——法必佛仙。

●人愛被愛，當知愛美；人被棄愛體棄苦——以苦易愛。

○因愛感恩，滋潤寂寞；因苦思痛加人愛——愛本以仁。

●人生禍福，伏於無形；在世榮枯防心變——不變必樂。

○性似梅花，遇寒則香；心猶黃菊潔無瑕——瑕必無污。

●霜以露成，霖以霽散；水以泡幻梗萍結——結必取虛。

○正氣滿懷，鬼神擁護；心蓄私意妖魅侵——不侵必正。

●善有惡報，祖孽未盡；惡不得滅祖餘德——德完必報。

○忌稱人善，其心必惡；怨人誹己非樂道——道不言惡。

●受污不怒，火起必息；聞謗轉嗔自取纏——纏自作繭。

○養性欲靜，心超物外；培靈欲明逾乾坤——坤必空然。

●心與神通，性與靈靜；在世出塵心化境——境必超俗。

○美固體酥，貪斬愚夫；艷似嬌花嗜骨枯——枯必自惹。

●窮必愈堅，志可青雲；老當益壯難白首——首不鈣化。

○誦詩研學，以聞政事；講易習經會天心——心物一體。

●賤貧似虎，勿嚇親友；富貴猶龍遨非海——海容非驕。

○江上揚帆，山間明月；胸中逸氣腕底風——雲風若龍。

●書田風雨，妙在心慧；山青水秀畫必神——神以筆傳。

○成功階梯，固有千秋；才德學涵勤耕種——種於踏穩。

●頭為身主，頂通天氣；舌為液根頂添津——津氣納合。

○心能先治，百節皆安；人為事擾心必亂——亂難事治。

●欲心定使，定必使寂；使氣定想呼吸調——調神使定。

○我不負人，人何負我；人能助人人必助——助要當時。

●事做踏實，人為誠懇；未雨綢繆在執行——行必澈底。

○行高於人，世多非言；學優於眾人敬欽——欽必德淨。

●蘭以文結，酒以情交；神以識服肉多賤——賤非不友。

○不讀詩書，無攬勝跡；昧知時序難畫情——情入意境。

●忙中防錯，錢惜浪擲；言防順口涵養氣——氣怒宜涵。

○世處平穩，平穩易滯；遇事平靜惟成呆——呆宜求活。

●心境平和，平和易懈；治事粗略惟失疏——疏必昧察。

○粗魯凡俗，世人論等；聖賢神佛分仙班——班級宜明。

●陰陽交感，萬物化生；順以成人逆得仙——仙由人修。

○人難離氣，氣脈貫身；氣通人旺氣阻疾——疾必不暢。

●人行善事，猶春園草；不見其長卻曰增——增必添壽。

○腹中濁氣，不除必疾；疾生五臟須鍊強——強飲尿健。

●煙酒蝕臟，少食必佳；營養太豐脂肪多——多必易疾。

○氣能延年，心為氣神；知明氣運必得壽——壽因行氣。

●善小不為，終無大德；惡小不改必積錯——錯毀一生。

○貧嘴爭雄，縱勝不武；言懇論事才逞豪——豪必驗果。

●留點時間，去做遊戲；智慧源泉是遊戲——戲宜有益。

○挪點時間，好好思索；力量產生是思索——索當能得。

●掌握時間，做好工作；成功代價是工作——作必開展。

○用點時間，力表謙遜；紳士標記是謙遜——遜須合節。

●抽點時間，痛快歡笑；靈魂音樂是歡笑——笑不拘態。

○運用時間，認真交友；事業捷徑是益友——友損則非。

●騰出時間，同樂孩子；樂中得樂是孩子——子成雙親。

○分點時間，看看左右；照顧鄰友寶人生——生因時短。

●生活平淡，平淡易乏；為人平實惟成困——困以求智。

○置身客觀，八方活絡；處於騎牆左右難——難於掛釣。

●天以所覆，無不涵蓋；地以所載萬物生——生人履地。

○無意無念，無事無心；性靈獨耀化萬神——神靈不昧。

●未到先天，須以法用；既到先天用自無——無限靈異。

○頂上神光，常放異彩；身外有身自在壺——壺中靈影。

●道要端拱，坐以玄都；三疊胎仙舞八宇——宇宙併存。

○變化乾坤，天地合一；長生自是妙工夫——夫人成神。

●煉精化氣，煉氣化神；煉神還虛虛合道——道存自然。

○閉目冥坐，靜思有神；有神在上更無齊——齊難天比。

●因為要愛，始願奉獻；人生志趣在培養——養必投入。

○人吃菜根，始明甜苦；咬緊牙根事功成——學成究根。

●清閒是虎，用以食人；勞動乃能過必死——不死調劑。

○統牧群倫，襟闊才豪；御合人心德為雄——雄業易展。

●錄長飾短，世無遺才；責短鄙長士皆揚——揚非己福。

○天下繁事，非人獨為；世上物理智難窮——窮必眾舉。

●世間品類，皆人締造；投資勞力智慧能——能於發明。

○多言無窮，不如守中；虛心執一自通神——神必靈明。

●天地立心，生民立命；往聖繼絕啟世平——平和人求。

○喜怒哀樂，人性本發；愛恨情仇人常情——情發守中。

●無意播種，常獲豐收；善栽幼苗必成長——長須培育。

○人欲養生，先明靜坐；小以延年大則聖——聖入神化。

●生命潛能，奧妙莫測；發於無限用難窮——窮究靜坐。

○篤誠存敬，沐浴清身；靜得神明坐心安——安必有恆。

●至誠格天，尤可感神；不誠無物難始終——終須有功。

○饑疲飽醉，風雨雷電；精遺房事勿靜坐——坐易傷身。

●敬虔誠意，心有神在；靜宜忘身坐無境——境入太虛。

○人欲出名，較比容易；人想出色卻很難——不難勤耕。

●得一自己，終身受益；廣交泛泛臨難去——去非明義。

○親猶兄弟，帳須明算；不清日後落話柄——柄有人非。

●君子行為，光明磊落；小人行徑鬼崇崇——崇必陰暗。

○人我交際，含宜糊塗；隱於聰明糊塗中——中分明愚。

●對人處世，多學愚呆；待人接物棄聰明——明於理事。

○人不吃虧，豈能得福；事不受挫焉明難——難中求驗。

●死生定命，貴富在人；聰明短夭呆長年——年得於德。

○人固聰明，反被行誤；擇善守愚少為足——足以明世。

●無得為得，必為大得；無忘為忘無忘忘——忘近於道。

○生本糊塗，不足為事；學以糊塗心明亮——亮於察人。

●與人處往，聰明勿過；利害相結非太精——精於用誠。

○正行邪法，人亦歸正；邪人行正法亦邪——邪難抗正。

●曲肱作枕，樂在心中；高臥忘年尼山傳——傳於圖南。

○天上神仙，尚難不死；人間壽求千年無——無修豈壽。

●古往今來，只活人死；既死誰為受死身——身修不死。

○來去在人，死生在人；無病而來無病去——去來無戀。

●一念不生，妄起滅息；一塵不染斬斷緣——緣絕必靜。

○心神安適，凝聚舒暢；氣平身直雙腿盤——盤姿端坐。

●靜入忘念，驗必慧悟；坐能冥神境別天——天人必合。

○神智清明，圓通無礙；一悟百悟靜坐得——得於展竅。

●愚為生愚，愚學為愚；人皆尚智獨守愚——愚必得全。

○境妙形神，羽化沖舉；以佛為伴天作伍——伍於僊界。

●聖賢境地，止於道德；仙佛胸懷超物外——外脫塵縛。

○以聖合德，日月爭明；天地至大宇宙常——常必共久。

●因修啟悟，由悟弘修；物不蔽物內外忘——忘必雙泯。

○妙處不傳，玄竅不指；傳必則死難指活——活以自明。

●猶修飲水，冷暖自知；啞子食餃心有數——數必悟明。

○重修人道，以合天道；勤修人德合天德——德由人積。

●善修人心，以合天心；煉修人命合天命──命由自造。

○人生固渺，大則無限；人命雖短長無量──量力難窮。

●攀登太空，科技容易；征服自己人類難──難不明道。

○人皆爭先，自獨取後；眾多欲雄己守雌──雌必制雄。

●困於知見，束於用智；執於大巧死於偽──偽難返樸。

○大智若愚，大巧若拙；大勇若怯辯若訥──訥非無言。

●人若貴實，自獨取虛；眾皆好動己採靜──靜得玄機。

○知進不退，亢龍有悔；得不知亡災禍至──至知返還。

●利害禍福，相倚相因；得失存亡循環生──生於變易。

○恬淡養性，虛靜養心；無為養道義養德──德由仁潤。

●寡慾養精，外物養氣；全真養神在踐行──行必得果。

○世間無物，心有何戀；煩惱相隨因愛生──生因情深。

●體載以形，力勞以生；逸養以老樂以死——死生心怡。

○力負人生，病在難放；忠孝仁愛儒門風——風於傳統。

●道本性真，觀察萬物；不為慾蔽自洒脫——脫必忘機。

○以道觀性，以性觀心；以心觀身身觀物——物必超然。

●反道以行，行反得正；正以行正正極反——反極則正。

○物不可極，極則必反；天道循環正反通——通於成敗。

●剛柔動靜，強弱大小；高下尊卑正反用——用必益勢。

○生守柔弱，死逞堅強；強以剛死柔弱生——生必至順。

●養以柔貴，以柔制剛；守以弱寶以勝強——強必易摧。

○柔非真柔，弱非實弱；柔弱為用以為守——守必致強。

●謙為天德，敬為地德；處尊能恭地敬天——天合人德。

○儒以仁恕，入世用世；佛心憐憫救世人——人諒出捨。

●道以閒雲，本儒累勞；佛以棄世性孤獨——獨來孤去。

○學以真實，本分做人；鍊以不死溶衣食——食古宜化。

●住於塵俗，不墜世纏；天堂地獄皆可超——超於苦樂。

○亮麗人生，守以儒門；道修聖神脫形器——器有難化。

●世上物事，浮雲飄過；莫使心留不了情——情纏難了。

○飄逸瀟灑，氣象萬千；渾絕塵俗若神明——明必悟道。

●旋轉乾坤，易如反掌；唾棄天下猶草芥——芥生俗門。

○肩能負起，看空易放；雖謂無為實有為——為道拯世。

●心可放下，力難挑起；佛本慈悲普渡人——人為身修。

○好人言好，必發內心；壞人道壞多捏造——造必不實。

●慷慨於女，必吝於男；諂媚於上必下凌——凌因無愛。

○活於矛盾，自取夾攻；舞於刀尖自尋死——死難求明。

●事業累積，聚沙成塔；人際建立功必成——成有厚道。

○巧謀為事，權宜一時；仁厚恕道業可長——長必久享。

●智慧叡知，超人卓識；衡量形勢策未來——來必有成。

○政客無德，行事皆詐；縱橫捭闔無定則——利己則謀。

●為上不明，必定受騙；若下不實必倒塌——塌必因虛。

○言無定型，察以可靠；行無表現難以信——信其行佳。

●身份愈高，言不自由；地位愈低行方便——便其無拘。

○多情易騙，無情人怕；責人自私不佔益——益不人損。

●言語聰明，行多猶豫；口硬勇敢行卻顧——顧前瞻後。

○富怕言富，形常裝窮；窮怕言窮硬充闊——闊必口硬。

●才不愛吹，愛吹無能；德不傲慢驕無德——德必無傲。

○失於一時，穩住陣腳；素志不餒收桑榆——處世風範。

●人之相處，貴在諒解；縱有瑕疵勿自卑──卑非人雄。

○針對積弊，認症處方；振衰起痾策良謀──謀必致強。

●土裝洋派，愚上加愚；聰明帶傻智中智──智多必明。

○話聽動機，不易上當；人看本質易取捨──捨因認識。

●利害相同，易見群性；利害不同明個性──性顯本質。

○政客作風，面面討好；縱橫論者為己謀──謀以舌業。

●久經商場，難言道義；常歷情場難談愛──愛必不專。

○君子愛才，小人妒才；智必慕才愚必棄──棄必無業。

●頭腦清晰，宜戒武斷；生活隨和不從流──流因合污。

○事能隨緣，滋味無窮；世人知我敢謂少──少必孤僻。

●簾外煙雲，豈含黑畫；林中疏雨有聲詩──詩情畫意。

○三春花鳥，人必堪賞；千古文章祇自明──明人必智。

●百歲開懷，能有幾日；一生知己難多人——人當虛懷。

○判智有無，體以人言；觀其談吐知學涵——能察必明。

●學識相若，見解必一；目標一致看法一——一同趣生。

○窮人心多，富人貪多；學人藝多瘋語多——多有優劣。

●聖不近色，廉不貪財；智不亂言才治事——事以志成。

○勢能欺弱，不能壓理；術可騙愚難欺智——智不愚騙。

●猶疑不決，膽識不夠；模稜兩可心無主——主定則決。

○私心愈大，氣量必小；物慾愈強成就微——微因慾多。

●天地學問，因人而起；起於男女變化中——中玄於妙。

○人怕點穴，事怕訣竅；謀怕釣玄技怕明——明必貫通。

●人競其業，業成其主；主業無人難繼守——守比創難。

○行離規道，準會出錯；事悖常情人難諒——諒難同情。

●人失是非，心近麻木；遺忘利害近聖域——人必稱賢。

○激怒憤懣，看人修養；酒色聲樂顯必性——性測好壞。

●生機絕望，百邪易起；人逢危境漿憶情——情留人生。

○人相知交，宜堅金石；情逾骨肉傲松柏——萬勢不磨。

●豪邁不羈，談笑風生；春風滿室有俠情——氣概洒脫。

○攬用人才，得以方法；欲變人質用教育——育必以方。

●與人相處，無分眕域；天南地北智慧生——生於智眾。

○得物則享，享有盡時；明道則樂樂無窮——窮際無邊。

●婚必有愛，愛因生情；情多感人故相結——結必永愛。

○是非分明，無需應付；黑白清楚沒困擾——擾必不清。

●欲立於德，須誠於中；要建於功應勤動——立言敏思。

○苦盡甘來，生活快樂；甘盡苦臨人生悲——悲因先樂。

●窮巷陋室，德者常居；高樓僻角藏惡賊——惡不擇地。

○輕視微末，易毀偉業；君子之德非小鄙——鄙小難大。

●推心置腹，易結密友；誠意相待無不得——明察美醜。

○做人懂情，始足為人；處事明理可治事——事得於理。

●恃才傲物，永陷孤立；事能反省少失敗——敗必無省。

○世上之民，兵為頭等；人間之業軍功先——先於治國。

●道義相交，萬支長流；錢酒互結稍縱逝——逝因勢窮。

○犧牲愈大，感人愈深；自私愈多必受鄙——鄙人人鄙。

●騙欺循環，害人損己；誠實相因利人己——己利人利。

○利與利結，則生利果；害與害交生仇因——因果循環。

●長江大海，接納細流；宰相萬物都能容——容以成大。

○學研百家，習必致用；德言立功萬世名——名必學專。

●子欲養時，其親不在；何言樹靜風不息——孝於親存。

○人之與人，難求其同；人比其人氣死人——能比必競。

●誠正實意，不必相瞞；戒慎恐懼不敢欺——欺人自欺。

○老守天真，不失童心；事保雄心業必成——成必以志。

●隨遇以安，心有寄托；隨人以安理悟極——極處必通。

○地位高低，不可繫心；德才有無看行言——言必有忌。

●人生於世，不外名利；虛名常累利害人——實至名歸。

○獨善其身，非身而善；傲僻無聊自視高——高峰常寒。

●美麗花朵，多含暗刺；無毒野草可肥牛——牛不食毒。

○酒能盡興，不及性亂；書可陶性心要明——明必客觀。

●人生善惡，交織如布；失於惡德善必掩——不昧良知。

○愛過生憂，忍過生悔；恨過生災讓過辱——辱因讓過。

●無名憎惡，易傷良友；客觀審明釋疑嫌——豈可固執。

○情感產生，在於自造；理智抉擇在心頭——智於客觀。

●居於要津，行無作為；尸固不具但難聞——讓賢於才。

○沉溺罪惡，理智丟棄；陶醉情感受必迷——迷誤終身。

●懸崖勒馬，尚知省悟；屠刀放下立成佛——佛在心頭。

○居安思危，否極泰來；塞翁失馬知非福——福因失來。

●才由人揚，己揚德損；德從己做人做無——無非為德。

○心無仁慈，不配父母；行無孝敬難為子——子當孝親。

●受人苦頭，能享盡福；討人便宜易上當——事無人損。

○非登泰山，難小天下；欲窺海疆上太空——孤高必寒。

●人非絕愚，必有一得；事非衝擊難變革——革必求新。

○人非知生，難明命貴；貴知於生必輕死——生當福人。

●用仁以慈，以權用威；非加酌情難湊功——功變以使。

○自求多福，自助天助；依賴於人非長策——策於自強。

●吹毛求疵，言必人怨；昧於大體人必惡——惡必難功。

○不愛於身，怎愛於家；鄙愛於鄉難愛國——國為人本。

●事之能驗，則易長智；肯於磨練人必明——明必驗多。

○有過於人，時惦於心；有恩於人當即忘——忘怨必德。

●人非自重，無以取榮；輕與人爭易遭辱——禮人以理。

○做人乏則，易撥是非；為人無德難黑白——宜立以正。

●立於人群，勿作人靶；眾矢之敵非聰明——明處以和。

○名利場中，易生傾軋；利害關頭縱橫生——守必以德。

●投石問路，宜講技巧；探親訪友先預聞——聞非難功。

○雖係偶緣，誼屬點頭；但有急難勝故知——人性本俠。

●慾勝於人，身必損傷；人勝於慾則體強——無慾則剛。

○種德於人，施恩忘報；植惡於人則人怨——以德報怨。

●人非完人，孰能盡交；惡非於我何足論——論於知己。

○男女初戀，非決於性；先性於愛終非福——慎防於棄。

●人我不犯，持之以平；本於中庸守於德——行之以恕。

○美言雖美，戒防蝕心；醜語固醜生惕心——心惕必警。

●憤怒難消，當知退步；氣填於胸忍以安——不忍必爆。

○受制於女，非為丈夫；受制於男非女豪——相敬以平。

●女非弱者，除非男欺；男欺於女非丈夫——尊重女權。

○男致於業，女持於家；內外相安事必興——業興於家。

●女守婦道，男守夫德；相夫教子家必安——互敬如賓。

○人生機緣，莫若結鄰；睦處於鄰勝遠親——守望相助。

●倫敦未時，勿急於涼；偏暴飲食患無窮——防於先知。

○人本虛圓，絕可建業；剛慢執拗宜失機——機得痛改。

●昧於識時，坐失良機；徒逞一得非遠謀——近利喪志。

○一文不名，壯士無言；人雄欲業志難展——勿微而卑。

●浪藉天涯，客居異地；他鄉窮愁望故知——逢親尤善。

○做客他鄉，宜多交友；友誼通財相濟情——情本助難。

●人地生疏，親友遠離；新友未結困愁城——訪親結友。

○商言以利，故能致富；婚結以情能享樂——樂情共難。

●愛言情感，不論是非；友論道義諱利害——害生無義。

○夫婦爭吵，百無一利；澄清邪念無一害——害必不染。

●父慈子孝，無情則情；夫能婦德不論理——理難家清。

○化除是非，妻必賢婦；增進快樂夫有責——責盡當然。

●自卑傷志，逞優慢人；鄙於事物功難成——成於持平。

○事業途中，當避緋聞；功成於就防於敗——敗因宜策。

●言語無痕，損益其德；釀造是非關於格——德不言惡。

○胸不容物，難致於業；德量不宏難處人——業創於德。

●人降以志，則能淡泊；正意靜念邪不侵——淡於名利。

○言見思想，事顯能力；危驗情義論生死——死別輕重。

●活於痛苦，生不如死；享於快樂無奈生——生於體強。

○友不共財，難論患難；義共危難言生死——死義於國。

●人不磨練，難成卓材；事不經過不知難——難於不明。

○時光旅程，人是過客；匆匆歲月無幾許——許身於國。

●樂觀前進，奮發勵志；成敗利鈍非所計——計較難功。

○一時和解，只是手段；利用掩護行狡詐——埋葬敵對。

●存於世界，企望發展；無一非策利於程——智化於誠。

○義氣豪邁，機智幽默；胸藏甲機秉賦高——謀算以成。

●夫論妻短，絕非明理；婦言夫非不稱賢——不賢必歹。

○事久得竅，人久明心；學久必精習久通——通必事成。

●以語假人，心必有謀；以事禍人心不安——安必以正。

○雄心萬丈，甘冒風寒；堅忍圖成氣不餒——餒非英雄。

●人具雄才，易成大事；偉業純非無才為——為必以恆。

○麥帥撰文，禱兒堅強；敗中不餒志不喪——謹慎為懷。

●理歸以理，學歸以學；學不力行空言理——踐以求實。

○同性相斥，異性相吸；同利相爭同色嫉——嫉無何怨。

●錢買愛情，錢盡情終；利換友誼必不固——固於道義。

○家道治好，婦賢必能；奠基創業夫必才——才具易業。

●友共生死，打可天下；義同患難始致業——業立同享。

○愛可容恨，恨難容愛；愛恨交併兩極端——曠達則諒。

●以道治事，則鬼不神；鬼神於道無所懼——邪不壓正。

○人不為大，必然自大；事固難為則自易——易於心志。

●萬事之難，莫難於死；百工易習學苦難——難於不明。

○出於心願，雖多不惜；弄故使巧財難讓——讓於心安。

●生活價值，在於光大；生命意義在犧牲——命死延人。

○殺的動機，為仇色錢；恨的因素冤謗欺——欺極必反。

●事用拳頭，人必粗莽；事以頭腦必智慧——慧心必解。

○用錢之道，亂用則非；賺錢之法唯正途——途邪莫為。

●人云是非，不可不信；自謂黑白不可言——言必研判。

○技不壓人，無學必愚；有技無學勝有學——學以致用。

●言多必詐，事多易煩；行多必累靜多寂——遇必受損。

○得將用材，激將以法；事以得人察忠誠——誠必無二。

●愛必無恨，恨卻有愛；恨化於愛顯真情——愛可溶恨。

○神態悠閒，事不擾心；人生道上任遨遊——遊必有方。

●事可以假，唯食難假；人可代替病難替——替必非病。

○好話當中，慎防含謀；逆言到耳須反省——省非反擊。

●無能人欺，必思反抗；有能人怕須退讓——讓人非怕。

○過於關懷，人不諒解；對人冷寞易怨恨——行言適可。

●錢得本分，始用心安；淡飯粗茶味可口——口角生香。

○事求諒達，人求諒解；捫心無愧鬼不找——得失則安。

●多知是非，煩惱亦多；多求學問必識多——多明必悟。

○少爭一句，可免是非；話忍一時無煩惱——惱人因爭。

●明必多思，通應多想；精要專學博要問——問心須懂。

○求行不老，必須勤動；欲言不衰探新知——知必更新。

●人緣孤單，永無力量；思想錮蔽沒出息——息必休止。

○論理客觀，用情則非；評人直覺無意氣——氣有必偏。

●性情浮渠，心必不定；行事穩重易建功——功成於謹。

○咬舌舔傷，痛忍其痛；哀矜勿喜彌傷痕——以仁為懷。

●愛關別人，時時體諒；不驕不吝是美德——民胞物與。

○經綸滿腹，潦倒落魄；擇人以適展宏才——假勢以為。

●身無所長，妄言有成；必須落實從根起——積土為山。

○事無明朗，亂作揣測；利害是非當難負——負人必非。

●順中有逆，逆中有順；趨吉避兇化兇然——逆時當忍。

○人之事聚，不言題外；除非閒聊話古今——海闊天空。

●滿足生活，固是美德；不求進取勢必頹——非奮難強。

○學之於武，剛柔並舉；習之於文方圓濟——和以成事。

●器度恢宏，易成於業；恩怨分明難事功——德容不忤。

○宴友敘好，未有不敬；人生相聚皆有緣——同德於業。

●稱勝為雄，圖逞一時；無德於眾子孫殃——勝必致德。

○眼光如豆，人之所短；本當雄圖昧遠謀——終歸幻滅。

●德人相處，不逞以威；發怒無威德必損——損必人鄙。

○猩猩相惜，同病必憐；厄運道上述悲苦——因難相扶。

●環境變遷，途昧於行；徵人指引道必通——引必以德。

○既謂謀士，當具飽學；彼此形勢胸中藏——利人以謀。

●設想於人，人報以恩；設想於己人則怨——先人後己。

○規過於室，不揚人私；涵容舊惡人之德——有德人敬。

●不知而言，其人則妄；知而不言欠忠實——言必以時。

○健忘重聽，老人專利；人到中年當體強——少不損傷。

●一聲吼嘯，萬谷音應；晨登高山必壽長——吐污納清。

○至善若水，因水利物；大德若露因廣被——無與能抗。

●為士不武，善戰不怒；致勝於敵則不與——為術以權。

○淚之於情，強弱皆流；強者於淚必怒吼——弱必悲泣。

●權不遠謀，勢不能制；妄言圖業空幻想——以謀制權。

○陽其所長，陰其所短；不忤其人尊其格——不損人德。

●人之其人，各有一天；造化於人難求同——進德修業。

○動亂之後，樂土求安；人競奮發各謀財——先有其土。

●生命道上，各有長短；有德於世短亦長——不同草木。

○靜如止水，心必物動；寂然境界體人生——潛養其性。

●聲色之娛，雀戰之戲；弈棋之樂測人心——本性易露。

○議論之發，皆出於口；口本於心當本心——非正必妄。

●月到中秋，分外月圓；月如不圓人必缺——寶愛人生。

○近鄉不怯，當必衣錦；人生不榮亦應歸——葉落於根。

●志行千里，始於一步；荊棘滿途須剷平——受挫勿餒。

○恨於既往，悔於未行；何不籌遠謀目前——永不志衰。

●惟業以善，為善必德；德以濟眾人感德——致業必宏。

○勸責於人，勿過則易；固惡非憎則較難——蓄德化惡。

●態度故藹，卑行以禮；逾於敬遜反成諛——能節必洽。

○探穴得子，必具智勇；穴中虎性有馴猛——非明難得。

●不明於眾，難知以情；昧明於禮人難接——接必洽睦。

○人具實學，易倡理論；理論為經踐為緯——行有準則。

●隱於山中，閒雲野鶴；不染塵寰聽鳥唱——物我兩忘。

○輕踏芳草，沉思花間；白雲無語心自閒——意與神會。

●身輕如雲，健行如飛；常涉山林體必強——強必登山。

○與人論事，首重情義；一言九鼎以立信——非信難達。

●本性於人，善惡之別；惡念木制逾於獸——性養以德。

○欲得其涼，先遣心熱；想去窮愁必淡貧——相忘必樂。

●山林隱匿，榮辱兩忘；人涉於世難簿利——非聖難為。

○皮肉之傷，易於療醫；心靈之痛永難復——復非原壁。

●不速之客，突降於門；既喜且懼善應對——迎拒以禮。

○友誼久處，彼此知心；不滿於友非騷言——輕必人輕。

●正氣於天，浩然於地；頂天立地繼往來——來往無愧。

○德留於世，人稱其品；形體縱殘不損格——美非以體。

●觀人之形，察人之勢；掌握主動審慎處——非勝則忍。

○人處於世，不罪於人；無損於德稱於善——縱善難完。

●以眼愚人，謬之千里；以心愚人難稱德——量非言行。

○性向之別，主與被動；長於主動成業多——被動則少。

●萬事固先，莫如便急；明於暢達人無憂——受阻必疾。

○宇宙一切，固皆可抗；抗於長官難言忠——非忠難孝。

●天地萬物，均為能逆；逆於雙親難言孝——非孝難忠。

○成業既久，朝氣必衰；陋習感染無進發——改規立章。

●待人以善，接物以誠；天下未有不境美——防詐除偽。

○忍固為美，但要圖強；世人因忍誤認弱——權宜一忍。

●暫忍一時，故與週旋；積極奮發待機時——非忍則敗。

○忍字一味，妙用無窮；運用得當成功階——百味之王。

●蒜有臭味，但防百疾；茶分百種數鳥龍——常飲除癌。

○激擊則合，緩延必離；害必相結利相謀——間之則得。

●巧以拙成，靈以實發；詐以誠取具非正——不正難功。

○既為刀俎，求生無望；何不激昂以成仁——全節取義。

●機智靈敏，反應快捷；工作忠誠無愧生——為公行權。

○偷天換日，李代桃薑；走馬調將惡人謀——謀人難德。

●兵之奇正，變化無窮；運用之妙存乎心——無變必敗。

○非臨戰陣，無生於勇；心不能安難策謀——無定必亂。

●體用於智，壯用於業；童心不昧人難衰——溶於熱忱。

○服猛處易，降人心難；慾望易填心難滿——知足常樂。

●心無風濤，徜徉山水；人無牽掛非物累——不為世縈。

○魚得於水，相忘於水；鳥御於風不知風——超物乘樂。

●事業道上，平安通過；縱經波折志不撓——終底於境。

○人無偏執，識必圓通；非無己見但高明——明於事成。

●陰謀不彰，難明其險；陽謀己逞看放收——御必果處。

○不通於陰，難處於陽；昧於相剋非御才——互剋必向。

●因其所好，測以明短；不與相言難知人——言必有識。

○標新立異，欺世盜名；遮瞞其情畏人知——人揭則屈。

●移花接木，張冠李戴；假貨栽贓禍他人——謂難人德。

○羅織誣陷，迫害滅口；推責盜譽少人諒——非德難仁。

●項莊起舞，非懷善意；無故設宴必有謀——謀先於破。

○變節降敵，授人以柄；縱保榮華留惡名——名必於臭。

●做惡多端，遮掩罪狀；欲蓋彌彰終現形——形必惡彰。

○樂難享完，苦易受盡；窮非臨身不知困——富難知足。

●事結人生，十有九輸；友交於老皆難誼——非達難生。

○熱汗冷浴，絕於受症；過饑飽食腹疾生——害種非淺。

●倫敦未時，勿急於涼；偏暴飲食患無窮——防於知先。

○人本虛圓，絕可建業；剛愎執拗定失機——學本於用。

●昧於識時，坐失良機；徒逞一得非遠謀——近利喪志。

○心相各異，性必有左；處之於中勢以權——合一則力。

●通竅於靈，悟性絕高；人昧於竅事難為——非悟難明。

○歷練磨練，鍛練洗練；無練不艱須力行——有練必鋼。

●執拗於人，非無卓見；事違於己均為非——事本觀點。

○心不行騙，人必互誠；世無詐徒交必興——誠之一諾。

●人貪於財，多昧於心；只顧一利卻忘人——人當本義。

○謀略固一，行非於時；得效異同論識機——因勢以導。

●和以是非，當安均衡；人受所得心無怨——處於利外。

○鵬飛萬里，未明其志；人生百年尚難步——志宏於起。

●大富由命，小富因儉；儉易致富命難財——奮發智技。

○廣廈千萬，寒士難容；日進斗金君無緣——心養恬淡。

●妻為夫仗，夫為妻立；同命休戚共患身——弱一必傷。

○富本於仁，當思貧苦；處境於安宜念傾——壯知老衰。

●隙風侵肌，時不覺損；寒流襲骨過後痛——防於未然。

○聲調激昂，輕語綿綿；場合有異權宜用——剛雅適度。

●惡人訪仇，德非為引；善人問路義為荐——察言審意。

○秀才遇兵，有理難清；今兵非昔禮義明——皆為國士。

●偏執於人，認利為害；辯害於利論不休——決於明智。

○君與牧童，形勢尊卑；消遙於野君非己——各有人生。

●貧以如富，賤以如貴；守之以德世不孤——終身無患。

○人有父母，均生子女；繼母不應鄙前兒——當本慈愛。

●世產仇恨，非萌今朝；愛心恕人恨仇消——消必因愛。

○達人遇劫，心不為意；凡夫遭搶反求財——賊非憐人。

●世上之辱，勝過於搶；人生之恥則盜偷——禍起虛榮。

○咬得菜根，百事可成；不吃苦頭學難功——功業本學。

●強凌眾弱，弱聯共制；弱以敵強強必傾——先易而食。

○秘忌人察，察必不祥；智料人匿則有殃——殃必謀擊。

●不言則蠢，蠢必非言；人無辯德枉有才——辯知學涵。

○因人之舉，以定取捨；人言不正察可非——人不負舉。

●得時則昌，失時則亡；機用以時莫錯機——握時則智。

○詭辯無規，以正為反；用非為是是非譎——譎必智詐。

●強鄰環伺，謀以務兵；夾於眾強策求安——獻智以時。

○得之於勢，未必能智；懷之於智未必勢——勢行以智。

●昔日繁華，何等風光；如今樓空話當年——世變滄桑。

○居家之道，唯恕則平；守以勤儉家必富——和以理家。

●嗜慾濃時，當斬於斷；怒氣盛時得按住——非明難養。

○欲得壽長，當節食慾；起居無時必傷身——身健則壽。

●狂喜蕩心，微抑則定；盛怒傾性小忍止——勿危形態。

○心氣平和，百病皆消；服食有節一體春——暴食必疾。

●養於心氣，當息妄念；養於肝氣絕躁怒——養身必動。

○養於肺氣，宜寡言語；養於胃氣節飲食——養腎節慾。

●貓愛於腥，本於天性；魚遠於貓必無腥——臭氣相投。

○學於理論，未必能踐；篤行踐履未必學——學以踐功。

●有形御人，無形御心；人御不察心御人——陰剋陽順。

○君子爭前，不籌於後；小人爭後厚於前——前後秉義。

●心疾之防，該從心起；身病之得多因己——己非人加。

○樂以從樂，喜以從喜；省下憂愁去煩惱——達觀進取。

●禪功有成，當從定發；心先於氣達神體——無慾則定。

○人欲養生，當本節慾；少食多動勞逸平——多懲於忿。

●憂愁太過，必傷人身；喜怒失常心氣浮——本於中庸。

○治怒則難，克己可治；療懼非易明理醫——沖和於心。

●舟超於載，絕於傾覆；慾勝於人必亡身——凡過必危。

○行違於德，其心必虧；罪負良知則形穢——態必失常。

●憂患不侵，當處平易；邪氣不襲守恬淡——德全不虧。

○業由人造，學因己成；事依於人絕難功——功建智能。

●獲友之道，先友以友；爭利之法先利人——先取則失。

○臨危而疑，其人無智；臨難不決人難勇——終為人囚。

●人到情投，多言不厭；非至交深言取侮——侮必虛言。

○治軍之要，忌暮則朝；御人法訣守以信——令行以威。

●有求於人，非親於求；無求於人則非疏——反非德風。

○人之多言，難著實務；人默重語善理事——事以才成。

●怒不絕憎，喜不用愛；非以異同論棄取——以能為主。

○心無寧耐，難思其事；神不安祥豈論理——取決於定。

●人保於身，首重謙退；處人至德以涵容——非容難謙。

○人養於心，當除富貴；貧賤生死勿縈懷——不以物念。

●人用於剛，以柔必勝；人用於術以誠感——屈理於氣。

○吃虧於人，則必君子；好佔人利多小人——人德分野。

●以恕自惕，未有不暢；處人留德荊棘少——少必無怨。

○用人使能，賢傑心安；權使於事皆前趨——趨必效命。

●事欲其舉，無才不興；施無良法難於行——行必以法。

○病治已然，當防於未；身弱未癒應治強——強必守身。

●卻疾之法，從身以為；慎於風寒節嗜慾——暖衣食慎。

○行則皆行，動必齊動；人皆守令以術制——策動有法。

●其事將舉，令必先發；賞罰之數必定明——明督暗察。

○人臨於事，介疑勝負；戰兢恐懼常得勝——矜慢必失。

●既關成敗，當謀慎始；決定於事無反顧——全力以赴。

○不察吉凶，可謂昧智；暗智妄行則必危——動靜當明。

●無難之利，無害之功；事成有害則功多——權衡則為。

○拔人之害，豈顧損傷；雖有小挫得大利——利衡全局。

●借人之頭，以立御威；利交害除以勝先——權宜立信。

○患應顧義，利亦顧節；義難全利忍為謀——謀以全事。

●置身萬難，境處危地；敗自俄頃生死搏——沉著突破。

○勇於公戰，怯於私鬥；眾心所向攻必勝——功賞厚罰。

●善鬥之士，不言於鬥；怯鬥之人常嘵舌——鳴非毒鳥。

○變生於事，事生其謀；謀生於計計於決——因以制事。

●輕動則悔，躁進則敗；臨事而懼好謀成——謀定則動。

○行莫無過，事莫無悔；事至無悔以止善——善必事成。

●制號施令，必嚴以威；慶賞刑罰當以信——威必有德。

○合於利動，不利則止；見機則動動必勝——動必先謀。

●工欲善事，必先器利；手無利斧工難為——為先器具。

○藏智於身，待機而用；臨事無智豈勝敵——智發於勝。

●陰詭非罪，成以福人；事能利眾謀必施——德不危人。

○剛難制柔，柔易克剛；軟硬不吃頑難纏——情理感應。

●人牆易摧，心牆難破；事牆無阻人通知——和必通心。

○制人之術，明暗相擊；左右上下立足難——非敵莫施。

●非經大難，豈堪重任；不歷磨折難成功——英雄志堅。

○學豐豪飲，醉稱酒仙；無學狂喝謂酒鬼——仙鬼皆妄。

●認煞之害，變其利權；化煞為益須卓識——煞關成敗。

○才兼文武，禮賢勵學；武德須謙文德敬——敬於理事。

●常中有變，煞以制變；使害變利化生機——無咎則利。

○化道於深，制道在隱；非高而匿道難成——道成以德。

●得人之法，同利相死；同欲相助情相成——不同則背。

○策事以陰，行事以陽；先泄其謀事必亡——防泄必成。

●上驕則恣，恣必物極；下疲則怨，怨慮反——業棄驕疲。

○智用於眾，智不人知；謀施於事則謀貴——貴於事功。

●計謀審訂，以人智愚；賢與不肖以定策——策因人異。

○智愚才德，個性背景；事因其人定其謀——謀發必中。

●罪惡之貪，療饑一時；圖逞一快後悔遲——智必不為。

○統御領導，分層負責；掌握主動督核勤——獎懲定明。

●心存輕藐，易生錯覺；禮敬於人對事謹——慢人必怨。

○錢固可貴，義更難買；情貴於錢人重義——富不棄仁。

●以言制人，勝猶刀戳；話不潤人傷心腸——德不惡語。

○人處逆境，安命良方；加減乘除理宜懂——順境以乘。

●人生於世，貴在相知；心能相通事易託——託不敗事。

○窮不失義，達不離道；才由德彰共相成——成必不疚。

●愛人不親，則反其仁；治人不治反其智——禮必以敬。

○功成之際，豪縱驕恣；凌轢同儕志復滿——成必敗速。

●大智定策，當具卓識；超群智慧非學有——產於天生。

○成反以暴，敗因由仁；仁不克暴錯勢策——策反以暴。

●以陽與剛，反易磨擦；用陰與隱無阻礙——相因得成。

○謀之於略，勢機與力；利害輕重宜籌全——決勝帷幄。

●世事與人，豈能爭完；保守以忍讓當先——非爭一時。

○人言有謂，學好千日；習壞一朝易反掌——勿為惡染。

●惡中反善，非苦難得；善中求惡順水流——至善難惡。

○盜泉勿飲，毒餌勿食；陷阱勿踏見識力——不為誘惑。

●誼雖同窗，隸為長屬；公私分明各守節——不節必亂。

○師徒之誼，同寅之情；共事同舟三生緣——緣生情誼。

●鄉梓之親，相逢之情；因事結緣締友誼──緣非今生。

○人行在外，皆具風險；乘於船機命懸空──懼非能雄。

●人於家中，災從天降；置身疆場非無生──禍福無常。

○成必以王，敗必以賊；功業非以成敗論──論於德才。

●名成於將，枯骨積山；沙場忠魂夜半鳴──死重泰山。

○防禦手段，莫過攻擊；兵用於奇勝於正──厭詐非兵。

●人具機心，當秉道心；仁恕於懷心變常──無道不厚。

○菩薩渡江，保身難固；身有餘力必濟人──人必感德。

●是非入耳，須當慎審；人作癡呆心本明──明以辯正。

○藝文垂久，官顯一時；行德於世萬古欽──風範長存。

●性憤於世，入眼皆惡；疾俗事物心反常──當本恕道。

○人情如水，隨勢而流；道義無價幾人言──成敗論格。

●聖必不死，死必非聖；機敏神武拯蒼生——生感盛德。

○善說故事，愛談哲理；與人接近易為朋——人性愛知。

●事謀於人，機警勇決；識博文敏志切堅——成必於勢。

○做人宜幽，處世須默；幽默解嘲風趣生——笑非由己。

●友交知義，愛過明情；生命垂危始悉貴——貴在於保。

○句句真言，毀於自誇；縱是實話仍生疑——人愛平實。

●智不及謀，勇不及斷；疾取以時振槁葉——優柔則敗。

○荷滿於塘，葉發苞生；啟蕾調謝一瞬間——人物同理。

●人生苦短，智海無限；沙中取粒沙非沙——識度宜廣。

○學專致用，用非所學；人生遭際各難言——博學肆應。

●做人秉義，對人以豪；處世須謹心坦誠——誠必得人。

○受欺於人，僅為一時；行於自騙必難容——容非於人。

●利害攸關，人心傾軋；寧靜其表暗釣心——心秉以德。

○位高則危，暗潮時生；心明其險必警惕——雖正亦防。

●做人固難，處世非易；是非反覆理難清——清白於心。

○坎坷一途，人生必走；遇障則止礙難通——懼難非勇。

●利忙名忙，無事不忙；忙裏偷閒多讀書——不忙難得。

○衣苦食苦，別認為苦；苦中作樂莫傷德——德潤不苦。

●二虎相搏，中有必傷；隔岸觀火漁翁利——利當調和。

○字不我認，難謂呆頭；胸有點墨腹不空——空不厭讀。

●評於別人，宜有風度；承受於評須氣度——工於涵養。

○絳帳春濃，濟濟多士；杏壇日暖樂融融——秉教以德。

●理解於人，從而明己；敬重於人始自尊——不明難解。

○失起於驕，敗源於傲；週際無敵源於謙——禮敬則成。

●矜愎自高，短於從善；寬嚴失度怒無常——業成亦敗。

○人言可用，則秉其言；言不可採勿慢人——忤意人惡。

●人生於世，非名必利；偷閒解愁宜淡白——寧靜致遠。

○山遠路遙，可測馬力；事臨患難辨友情——處久知人。

●才暴受忌，自滿易損；人負氣盛必遭難——難於得情。

○學不知萬，善非耘揚；有智則誇易為愚——德而不足。

●人情洶洶，人心易浮；眾意非智志難託——載之禍福。

○因勢設謀，以謀易勢；剝復興衰弱制強——致業手段。

●命由我立，福自己求；成敗勝負非怨天——制天立命。

○立身於世，當崇以儒；本行以法理通天——天道本情。

●鳥飛於天，以石投擊；既傷其一可敗三——勢之與計。

○先不量己，難以度人；以弱擊強常得勝——通變權術。

●世間之事，厥惟力智；勢權利害通達變——主宰運用。

○心以德服，力以智取；恩加於威謀以通——撥以反正。

●人具陰陽，心有表裏；易變陰陽難表裏——機奧非測。

○君子戲言，獨裁於世；御無嬉語威則立——皆不亂發。

●狂風暴雨，奇計逞雄；山險路絕兵易謀——猝發難料。

○取勝於人，先攻以心；致勝於眾奪其氣——謀發於勢。

●學於科技，尖端強國；立國之學人之根——強不忘根。

○言語似箭，矢發難收；舌如鋼刀銳若鋒——防其惹禍。

●謙恭於上，當屬本分；敬遜於人得安和——尊高於下。

○人昧於學，其愚難言；學求以用但以德——學不傷德。

●高調低調，同時要唱；選調唱法宜客觀——配合情勢。

○人具以長，選長適用；人無長材螺絲釘——無釘難固。

●非有遠謀，難治其眾；目標在前眾志發——共效前驅。

○御眾猶寡，治寡如眾；提振衣領張其綱——懲其無績。

●哀不至傷，樂不至極；怒不至暴憂不絕——喜不忘形。

○生死之關，存亡之頃；勝敗之機慎明察——昧勢必失。

●以書論值，待人而估；書養心靈價無窮——滋人心府。

○為官不驕，致富施仁；積德於世子孫賢——賢必教學。

●勿假於勢，不用於權；奉公守法本以德——秉公於事。

○明知有虎，偏往山行；不入虎穴焉得子——當以謀取。

●交友得賢，假以時日；徵以所見求其言——言必有中。

○海深萬尋，尚易丈量；人心底底難以測——測難明心。

●智愚競言，智輕於愚；智以巧語愚無言——口拙非愚。

○於內非安，在外難危；禍福不以內外論——各有命機。

●大廈之成，非一日功；偉業之建百折磨——基固必穩。

○蓄鍊功力，志以學養；功顯人前眾必欽——人驕難欽。

●人求於學，非只課堂；三教九流識無窮——社會大學。

○人於社會，先學吃虧；便宜常自吃虧得——人情無價。

●老友敘舊，倍感親切；新友初交情必投——俠義相傾。

○樂天知命，困時宜守；達天運命逞其雄——攸關顯晦。

●四方形勢，瞭然於掌；宜攻宜守妥策謀——謀不坐失。

○吝於勳賞，眾難向前；明賞以功罪必罰——罰無怨尤。

●崗位不守，職位未盡；投機取巧鑽空隙——當務實際。

○職位顯微，當關才德；識智超群明大體——績優必前。

●吝於一語，難結情誼；緣慳一面慕神交——發於心敬。

○業靠友協，事倚人助；昧於結交一世獨——益友得業。

●匠運良材，始成大器；非經艱苦難為雄——雄於時勢。

○雖擁其勢，未展其權；謀用其勢逞其威——權行大略。

●行動未起，先置內奸；洞明臟腑削其力——掌握機勢。

○寒天固冷，不冷人情；酷署縱熱豈熱心——心冷難熱。

●人明情理，人易親善；人悖情理令人厭——厭必背棄。

○國之大老，人極之寶；國人敬重人必德——德高眾望。

●一姓之帝，帝在人主；以武稱雄殘民逞——民為芻狗。

○危邦不入，無可置言；亂邦不居非賢豪——志拯元元。

●絕言於人，必自作絕；有疚於人當負荊——求人於諒。

○既為人主，當能自決；受制於佞不稱賢——忠奸審辨。

●創業之主，善用英豪；守成之君當尊賢——前才後德。

○逞才之機，表露適時；顧免人忌宜通達——攬權以忠。

●民以人治，非雄難為；時勢變遷民為主——殘民必敗。

○勇於匹夫，只敵一人；謀於韜略敵萬眾——明達善斷。

●相悅同情，釣取隱衷；露出破綻易遭鉗——友非敵用。

○御以言勇，非謂其勇；從眾能勇始言勇——御勇必謀。

●人不知己，難以量本；昧於知彼難仗人——明以伐敵。

○不精計算，怎明敵我；坐觀興敗謀無用——用勢以權。

●坐擁書城，芬芳滿室；究明以理人生樂——樂必體強。

○誼結友情，非以多金；友能諒達情必長——長於義遠。

●專研新學，昧究古籍；辭語雖暢無深度——人不忘本。

○本之以道，行之以德；經之以事言以理——致業則達。

●致學以專，為事以謹；處世以誠本於德——遠謀可業。

○人非明史，難啟承繼；與亡存廢悉於心——雄豪以志。

●色使人爽，音令人悅；五味相調宜口腹——過必生害。

○寵辱以臨，處以泰然；人到火候看修養——養於心淡。

●天地萬物，必有所宗；車不循軌必傾覆——覆因離道。

○人不如意，以默消除；事不稱心以忍化——化必以承。

●邪念一起，萬惡齊來；悲觀一萌萬念灰——灰心難事。

○人私於心，良知之恥；人私於行良能辱——辱必因私。

●情隨理智，做事易功；理跟感情做人成——成功在人。

○窮若立志，其志必成；富能立德德必豐——豐因種德。

●與人相處，牢記默字；與世相處牢記寬——寬必無怨。

○善說故事，啟迪人智；深入淺出闡明理——理發人欽。

●陳義太深，令人難解；言詞過俗使人惡——淺明易懂。

○山川固險，難若人心；明紙雖簿難人情——和以誠化。

●心不邪思，是謂心德；口不邪言稱口德——德正必善。

○心持於平，一切皆平；理秉於正必皆正——正必以理。

●人圖於利，當認六親；行秉於義世皆親——親必以義。

○鄉中水美，故鄉人親；身處異地倍思情——情發於離。

●制意機先，必明人情；制敵機先必制勝——勝本於機。

○世無天才，君非愚笨；秉賦於人分高低——圖強於志。

●理行正路，正道直前；我不屈人孰屈我——以理服人。

○懷藝於身，勝過萬全；以誠在心敵千偽——偽難敵誠。

●相處睦和，便明做人；辦事通順必明理——理通人和。

○傷人一刀，身留疤痕；毀人一言心必痛——痛必烙深。

●諒人於心，必為人諒；德不恕人必人恨——恨必難解。

○官可不做，人當要做；錢能不賺理必爭——爭以分明。

●過信人言，容易受騙；為人打算不孤立——立人為先。

○術離於德，易變成邪；德背於術易近迂——迂必無能。

●言有條理，易折人心；事處規律服人眾——眾必尊敬。

○事先計算，必富於智；做後追悔必是愚——愚必無謀。

●事非本行，學非所用；一竅通達百竅明——明博於專。

○團體之中，不能有派；派必互軋力抵消——統御必忌。

●大敵當前，捐棄成見；同心一德度難關——覆無完卵。

○內奸不除，外奸必應；表面風平裏洶湧——湧必生險。

●靜能生智，動易浮躁；安可得享慮當遠——謀遠必明。

○信人不專，絕難得人；處事不斷事難成——成事必專。

●滴水穿石，鐵杵磨針；世上只怕有心人——人恆必事。

○性急而暴，動轍怒髮；昧以理智難治人——人易憤事。

●站穩立場，處於不敗；職責所在力表現──現於實績。

○統兵御將，馳騁沙場；指揮卓越捕戰機──機本靈活。

●山中人瑞，鄉野長壽；污濁空氣在都市──市塵煩囂。

○富貴傲人，權勢凌人；螃蟹橫行不幾時──時以積德。

●不識時務，難稱賢哲；施展才華宜順時──時逆必敗。

○人能強誌，驗必學豐；事能明達易得人──人必敬服。

●千秋事業，不計目前；人格完美不釣譽──譽要人頌。

○事決於公，決必效速；慢理家事慢滅煩──煩因過急。

●為有無為，領導之訣；為無有為幹部法──法行無為。

○事能應變，機智必敏；行無差錯賴謹慎──事得有能。

●事分好壞，人必精明；人懂是非眾必親──親必事成。

○事成絕望，悠遊歲月；抱殘守缺度人生──潛修待時。

●人求心安，事求人寧；亂食壞胃潔養身——身強以潔。

○心中無私，終身必樂；事秉一公受人敬——敬必無私。

●理明於悟，行必驗果；智發於正勇必義——義張必仁。

○不想壞事，良知必善；不講歪話心必慧——慧必心敏。

●顧慮太多，一事無成；毫無顧慮事必敗——敗反求成。

○事處樂觀，心必積極；情發悲憤必奮鬥——鬥必勵志。

●臥榻之傍，豈容鼾聲；前程道上無絆礙——礙除以德。

○行坐有常，遽變則疑；車輪規道應有轍——逾軌則覆。

●人與人間，久處生厭；若非君子必有隙——隙必消除。

○利害相關，有利必親；疏必生害宜彌補——公以制害。

●私字當頭，難得人情；雖逞一時終落敗——欲業則公。

○恆寫日誌，必增文思；史跡留痕經驗豐——涵蓋公私。

●話論於正，理直氣壯；事本立場必勇前——前行必勇。

○海內知己，天涯比鄰；人不德簿有至交——交以情結。

●禍人害己，政治尤物；皇帝背後罵昏君——君非善良。

○原則指導，政策決定；制度推行事必果——果必正確。

●事做於錯，無理可申；該好弄壞無能力——力發於智。

○事來順應，曰理萬機；心感不忙氣必暢——暢必心悅。

●過於娛樂，蝕骨傷筋；逾情享受必喪志——志奪無業。

○境遇苦況，必勵於志；生活平淡難奮發——發於遠謀。

●隨遇而安，心必怡泰；人處窮困形不憂——憂多必愁。

○釋人之惑，纔謂有智；濟人之困可彌仁——解危必勇。

●逆耳之言，較順益智；心腹之人患難防——防疏必危。

○酷心過濃，反殺愛意；譏笑無度惡恨生——生恨無愛。

●戀無階級，愛無錢勢；兩情無猜皆可眷——眷必永守。

○青山常在，綠水長流；身體健壯業可創——創必志堅。

●心怯則敗，氣壯則勝；虛懷若谷納善言——言正除邪。

○人成於事，事成以謀；事在人為各千秋——事以人舉。

●以今比古，愚不可及；將古作今必更愚——能鑑必聰。

○釘鈕雖微，作用則大；運用得當力無窮——材皆有用。

●施肥於苗，得果於老；花開美醜看栽培——培於耕耘。

○美玉自況，可堪良材；玉不逢匠難成器——器以識時。

●莊敬曠達，誠正坦率；真摯風範有令德——德守平易。

○道岸貌然，行非君子；形雖醜陋心懷德——人非貌衡。

●情急智生，事急人迷；歲月歷練處有別——別於靜慌。

○幽默於人，猶如靈魂；智慧於人似類膽——活潑於勇。

●落果難還，人死無生；由幼而老難少年——年幼勤耕。

○糊塗難得，難得糊塗；人生糊塗度人生——生非其愚。

●人無幽默，雖生亦笨；心乏智慧必成呆——呆難活潑。

○家有二主，鬧必無靜；事生兩意絕難行——行必執一。

●看錢婚配，錢盡情絕；為愛相結情必長——長於愛深。

○夫妻口角，隔夜雲散；親友誤會一生難——難必求解。

●男無職業，魂魄無依；女失於夫靈無靠——靠當自主。

○騙雖小人，智過君子；誘於以利人智昏——昏昧神智。

●事不明達，剛愎自用；遇事專斷常生驕——客觀論情。

○共同生活，易明其人；人能自律可律人——相處檢點。

●事成在夫，業成在妻；妻不協輔難有功——功顯必婦。

○憂愁命短，快樂壽長；人情通達少是非——非理不言。

●少逛商場，可減煩惱；多遊山水益身心——心曠神怡。

○良緣佳偶，結成連理；共築白頭患難窩——慎之於始。

●事牆易撞，人牆難衝；人和稱心事易為——為於人諧。

○心地光明，能逐煩愁；行為磊落除憂慮——慮少無愁。

●恐怖產生，事理不明；憤怒衝動難制情——情本於常。

○精神鬆輕，易得快樂；物質舒適得享受——受因能享。

●智長鬧市，壽增鄉野；樂生心悅苦受壓——壓思解脫。

○船行風微，安全無慮；樸實無華人生穩——穩必命長。

●情樂無憂，身樂無苦；形樂無貧最難求——求心於樂。

○兵貴神速，事貴機先；行貴詭秘果斷決——決去猶疑。

●統兵御將，獨當一方；機智果敢用奇謀——秘詭神速。

○驕兵悍將，陽奉陰違；爭權攘利互為功——仁不御兵。

●天載日月，地負河嶽；人有智謀御群倫——霸必以德。

○天地育生，社會潤和；人類極則在樂得——得享無悲。

●精神無寄，煩惱百出；思想無主邪念萌——萌轉善念。

○愁不心寬，慮難神怡；樂要心賞福潤身——身健必享。

●事難人言，苦中生苦；無慮之言樂中樂——樂享不傷。

○錢多喪志，不動腐體；嗜貪賊心性盜情——情本於專。

●權謀機略，滿腹經綸；懷抱雄才極蒼生——事以仁施。

○淨化以詩，腐化以權；食化以德飲以和——和必得人。

●鑑往知來，法古以時；以今視昔見真情——明察時勢。

○欲為大事，當經磨折；偉人成業歷滄桑——窮志益勵。

●性靜孤僻，難獲人諒；群居生活要和睦——相處以諧。

○神的意志，支配將來；史的評價定過去——人得現在。

●苦樂觀念，在人認識；得失無常在人為——為必有得。

○人造是非，循環互生；是非難明本自明——明是無非。

●人性發揚，出於自然；情感流露無做作——作必真情。

○知行無端，循環并進；動靜不止相需行——行必止善。

●鬥智決力，看人運用；以智取勝免用力——力屈於智。

○人受重視，心必喜悅；冷落刺激起反感——感受必敏。

●得到安慰，心必滿足；縱有不悅人難言——御之以情。

○沽名釣譽，口是心非；言不由衷意願違——靜觀其變。

●一言既出，非關駟馬；大言不慚當真悔——悔聽其言。

○語通道理，瞭解人生；明透是非少得失——失多必悔。

●萬事在情，人情秉理；萬物本行在常體——體本知行。

○人成萬物，心出萬思；智本萬能志堅成——成事在人。

●無動於衷，心靈傷極；久經滄桑世故深——深於識情。

○智以控心，愚以為隸；為主為奴一念間——志激勇發。

●人經一事，必長一智；教訓好壞應有獲——檢討得失。

○勝負之爭，存亡之鬥；惟以時間為主宰——發之宜早。

●運用之妙，存於一心；應變機謀發於頃——預週則為。

○幾經談判，節外生枝；反覆無常磨洋菇——謀不在彼。

●事看順境，無處不樂；事觀逆處無不憂——憂慮於遠。

○成不驕易，敗不餒難；得不傲易失必痛——省悟必明。

●人與人結，形象力大；心與心合固必強——心交與人。

○賞罰不明，難能服人；道理不清心不服——服必理明。

●事通行易，人通理明；情通生愛心通仁——仁發於心。

○刀劈豆腐，兩面光亮；做人要顧左右情——情本於義。

●冷飯易吃，冷語難受；語不傷皮卻刺心——言而有德。

○虎雖狠毒，尚不食子；世無肉骨傷親情——為子當孝。

●靜思明性，靜坐明通；靜默明心心明理——理通於靜。

○相等難馭，相差難平；相需難散剋難合——合必不剋。

●以理在心，語本哲學；以理於物言科學——學本於據。

○青紅法術，不行白陽；黎山老母撿徒收——收歸屏山。

●東南西北，有南屏山；九洲四海南屏山——山得師護。

○人天長夜，宇宙黮闇；火宅眾苦濟佛拯——拯在南屏。

●虎豹憐爪，君子惜口；佞人愛身德守諾——諾貴以語。

○君子一言，駟馬難追；佞人一語隨風飄——飄無貴語。

●三寸之舌，猶刄藏身；致福招禍在人為——為御其鋒。

○心定於人，言重以舒；非定於人輕以疾——疾以判智。

●言用於事，成敗攸關；言發於書明賢愚──愚難千秋。

○小人溺水，君子溺口；守口似瓶防猶城──浮言易溺。

●認識自己，應常用磅；過重太輕皆失宜──無輕必重。

○老與不老，思想衡量；壯與不壯以力分──力大必壯。

●習武練功，出乎必傷；身懷絕技當守德──無德必害。

○病中難福，忙裏偷閒；書內尋樂藝養性──性必舒暢。

●事之得失，以言為準；言之真偽考以實──據情稽信。

○反躬責己，以進為法；待人接物以退言──進退於學。

●順德易昌，逆德絕亡；有德必興恃力衰──德關成敗。

○忠厚謹慎，德義之根；虛偽詭譎亂道源──人本以誠。

●內不自誣，外難以欺；人不自欺何欺人──欺難為德。

○人無本領，妄想出頭；事有把握可勇為──為必完美。

●先教後誅，縱死不怨；不教而殺人稱虐──虐必無道。

○先想後說，胸有成府；說了再想難由衷──識學有無。

●人若不私，世上無爭；利如能公絕無訟──不訟則安。

○以人之失，作己之戒；以人之得當鏡觀──觀必能效。

●人以詭譎，以誠擊破；人以靈偽以實應──術必自窮。

○口以能慧，予人真實；行本以誠則感心──萬物可致。

●人本以誠，事本以實；誠以防偽實擊虛──堅皆可摧。

○人失其國，無身可寄；人若無家少溫暖──國先於家。

●凡百空思，不若一行；思而能行必有益──不思盲行。

○消除誤會，力求於明；防止挑撥無隔閡──無冰難寒。

●女與小人，都不好養；養女尚易小人難──難在反覆。

○五權憲法，五族之光；三民主義萬萬年──中華民國。

●識人容易，識己則難；為己容易為人難——難在設想。

○看淡名利，仗義於死；沽名釣譽必苟生——生必不榮。

●三民主義，反對恐怖；仁愛互助斥仇恨——和平自由。

○小人當道，黑白不分；君子掌權是非明——明必以理。

●傷人以譽，何異殺人；毀人以名則陰損——損人無德。

○愛人以理，可以言愛；惡人非理適足害——理發以仁。

●識見不廣，無以暢言；非以潛讀難飽學——學以識明。

○以毒攻毒，以計破計；以茅制茅連環套——無套難生。

●專致修品，終日論性；固為致德曰求功——佞人道反。

○花草雖美，但無知覺；禽獸固醜有良能——以美化醜。

●團體力量，得賴團結；力量泉源靠感情——情發於群。

○今非昨日，昨非今天；現時之我非前我——變中求存。

●以土養人，以心處事；心物合宜萬事利——利必皆榮。

○人去物慾，心境靈明；貪心消除煩惱無——無必快樂。

●置身自然，陶治靈性；處於社會體人生——能體必明。

○關愛身軀，事功興發；損害體力業必垮——身體無價。

●口詐行巧，皆發一虛；詭譎變化本由偽——難當以實。

○口稱真實，未必有實；縱實一時難以久——久貴始終。

●思之以善，言行以善；德人所施本一善——佞人則反。

○斂財非祥，妄聚貪吝；厚集禍殃以累身——善敬集德。

●壞人嘴裏，難言好話；惡人手中無善舉——善由德發。

○鐵能回爐，絕非廢鐵；人能再用稱良材——材良不廢。

●學辨誠偽，可進於學；理昧是非難治事——事分善惡。

○抑鬱於心，以忍相療；欲除於鬱得以忘——吐故納新。

●德人之心，欲人同善；佞人之意欲同惡——不同易忌。

○將欲攫取，必先姑與；人欲去掉先以禮——禮不遺恨。

●德以化人，道以愛人；天賦於人本以仁——化育以生。

○好德之人，靄氣護身；嗜惡之徒戾氣隨——心戾則凶。

●隨聲附和，心必無主；人有卓見條理明——明必人敬。

○行為言表，言為心聲；以行觀言言觀心——行言識人。

●身膺重事，心神宜安；沛氣充足則人靜——靜處不亂。

○人作於善，可降百祥；心生於惡遭百殃——致德降邪。

●含血噴人，先濁於口；以意污人必罪心——德人弗為。

○去惡從善，其功立顯；棄善從惡則罪大——罪去功來。

●廣施於生，勝益冥福；非濟於生冥何德——人貴於生。

○人若好善，未必即福；禍不遠颺德未積——能積無禍。

●一人拼命，百夫難當；亡命之徒可稱雄——群力可制。

○生活財富，當論情趣；心靈財富言智慧——體強必健。

●寒暑易避，世宗難除；人涼易去除心難——化心為和。

○雲霧繞頂，原由室發；婦能守德雲自散——無雲則亮。

●立身敵散，鎮靜安定；臨危不亂處事訣——得於素養。

○根基不穩，難經擊撞；處事欠週破必壞——慮必週詳。

●精神鬆懈，萬事難為；行言失檢後果重——重必難收。

○口往上看，無基不發；光跟下望難攀高——高必兼顧。

●要求合理，虛心接納；無理苛責應申辯——考驗耐心。

○小人難識，君子之長；君子易明小人短——短以涵容。

●德濟於鄰，德必更德；仁施於眾則仁張——張必仁張。

○人能為德，天報以福；人不致善酬以禍——善惡人積。

●抱負事業，度量必宏；成功於難耐力強——強必致業。

○學以明理，事求方便；為人處世先立德——強發業成。

●一意孤行，勢必眾叛；事求合理當易成——成賴於眾。

○功推於屬，眾心興發；過而肩擔人必服——統御以德。

●學用於公，才展前途；術發於私沒出路——公私分明。

○難而自找，非而自非；庸人自擾必愚頑——頑難成事。

●藏嬌於外，夫不守分；婦能嫵媚嬌遠揚——雖嬌難長。

○勢可為惡，不為則善；力能致善當必為——不為必惡。

●形象雖醜，其心則善；人貌固美但心惡——貌衡則非。

○人不可侮，侮必人怨；人不可慢慢必揚——敬謙以德。

●言語過分，易惹糾紛；處事操急生阻力——當論時效。

○人無幹部，難成事業；立世有德生必樂——樂成於志。

●人身法寶，便是良心；善惡正邪莫問卜——卜以良致。

○工作適性，易展所長；才堪勝任公私益——益於人類。

●與人論事，色和詞暢；人養於定氣自和——和以意誠。

○人之所寶，莫貴於命；德之所厚則宥死——不厚難德。

●一飯濟饑，孰謂非善；片言解紛積陰德——撥亂則賊。

○惠不在大，能濟則善；德不言高能適施——濟急則仁。

●恕養於極，視人皆善；仁用於當人知感——人性非惡。

○知善不為，其人則狂；明惡不悔其人妄——能悟則賢。

●博納眾意，當近於屬；樹立威德先約法——法明則行。

○當時讚許，事必稱美；後世景仰必益德——德業千秋。

●富作於孽，其惡非微；窮作於善其德宏——窮富宜仁。

○地獄無間，豈可言佛；天堂不潔怎升天——志拯世人。

●自己不幹，又怕人為；心生妒嫉才無能——心劣可鄙。

○人能做事，精神有寄；飽食終日形無託——閒多非福。

●立身團體，宜齊併發；表現突出易絆牽——先馬無援。

○名譽事業，成於平常；僥倖獲致時難久——久必德致。

●不臨於難，難明其忠；非臨於財難知節——測人於危。

○事能認錯，人我皆善；固執於性事無益——能益則執。

●忍以為忍，除以能除；容以能容乃豪傑——常人難為。

○反覆無常，顛倒黑白；情理不分人無則——唯利則佞。

●傷人自尊，必起反抗；奪人利益生仇恨——恨生於利。

○感情真誠，生命可換；言語真實能交心——心發於情。

●昧於知恥，身敗名裂；重於榮譽可立業——業發於德。

○量入為出，終身不窮；借債度日難言樂——樂生於儉。

●友結酒肉，難謂於義；誼交患難可奠業——業協友成。

○人能理事，重在效果；人會說話不再多——言必於洽。

●須臾一忍，原本氣充；和厲之氣喜怒隨——御氣則祥。

○載哀於心，聞歌則哭；載樂於心聞哭笑——同載迴異。

●恩於君子，永惦於心；惠於小人過時淡——淡必易忘。

○小人得意，逢人吹揚；君子得志表謙虛——含虛則得。

●精神痛苦，莫逾負心；行動苦惱因鬼祟——有鬼不正。

○錢難買心，勢難購親；權難醫病死難逃——逃不過死。

●人生活力，產於愛中；生命光輝因有情——情發於愛。

○語刺心痛，終身難忘；言能感人行不懈——口發必慎。

●父母有過，諫非於逆；親長行失相機言——言不悖禮。

○子不驕父，當知其恩；女不傲母應明養——父母如天。

●取人之長，易交於友；看人短處難結朋——化短取長。

○為人處世，當重是非；觀望騎牆人不齒——明辨立場。

●人逢大難，真情顯露；恩報於危正義先——義共於情。

○交友結情，首重德學；爭逐酒肉患難共——有德義長。

●過分客套，流於虛偽；適當禮節始言情——情不逾分。

○化敵為友，做人上乘；除惡務盡做事則——無則必亂。

●飲宴與會，人色雜集；言語不慎易犯忌——忌不失言。

○水性本清，沙石穢污；人性本善嗜欲害——持性於養。

●多言事敗，輕言招怨；德言人敬怒言傷——少言養氣。

○金石水柔，為性之別；圓孤方正器之異——善御則用。

●先學做人，再明做事；做人不難貴推誠——誠於事美。

○美化人格，首當自立；亮麗人生築安樂——無安難享。

●處於危境，思友慰藉；貧病落魄念親情——能慰心感。

○識破挑撥，無以做人；離間分化別用心——心必叵測。

●醉失於態，令人生鄙；酒守以德人則敬——醉不失禮。

○平靜明表，洶湧暗生；非有明識難應機——處於無形。

●借刀整人，非人之德；迂迴側擊術不正——利誘則鄙。

○丟掉袍袱，甩去憂傷；常涉山水壽必延——養恆於毅。

●怒言忘體，易洩肺腑；喜語忘形易道德——喜怒以常。

○巧舌變幻，真偽曲言；人喪所守唯縱橫——動心則感。

●陶冶性情，詩書芸樂；鍛鍊體魄得習勞——勞而不傷。

○心境曠達，海闊天空；事常知足必神怡——怡然自得。

●當言則言，其言見重；事應而為則人尊——尊以義言。

○英氣固善，不露為妙；守以渾涵本厚道——露必人忌。

●聞謗動怒，誚讒乘時；見譽立喜佞之媒—淨心則智。

○金以剛折，水以柔全；曲以徑通和以暢—柔以制剛。

●遇福畏禍，反成於禍；有樂則興易成殃—殷憂啟聖。

○人恭於儉，與載以福；傲過於侈禍之根—棄傲從謙。

●惟己獨尊，易流驕傲；依人是從無主見—尊人從己。

○讀不在多，貴有心得；書不求美看內容—美在益智。

●氣血之怒，有必易傷；義理之怒無非人—怒義則雄。

○境際不同，情性自異；聞人悲怒不悲喜—同心非憐。

●人喜知音，心惡於仇；從義為善情簿雲—怪調難諧。

○公之以義，可以執勇；寬之以正可率卒—恭謹報上。

●聞人密論，輕泄無德；知不容受難為人—不聞則美。

○擁有權威，可造風氣；學問道德可移俗—教化感召。

●學養淵博，得於自修；文理貫通靠深思——不思難明。

○憂於生活，學博難究；處於性命術難揚——揚於勇毅。

●能明一理，則明萬里；一事能通萬事通——通於明達。

○史論忠奸，理辨是非；事明黑白分美醜——不分難辨。

●言失粗暴，令人鄙俗；語守拘謹難致言——言必義理。

○水清無魚，心清思理；腦清宜研人清明——不清必昏。

●同欲相憎，同行相忌；同患相助同利爭——同德相濟。

○淤阻流水，欲塞天理；逸誤前程惰毀業——業以勤功。

●通權達變，事可投機；使詐弄巧難致學——學本精研。

○讀書習藝，知味必甜；練功學技身常苦——苦盡甘來。

●知禮明理，外在表現；氣質變化書中求——求必質變。

○為學做人，貴在誠實；辦事策謀當求精——精必在行。

●學問體格，非錢能買；榮譽道德日積得──得必因品。

○驕傲自滿，病在年青；謙遜求教閱歷多──多必受益。

●責人之心，反思責己；不責於人則遠怨──怨必因責。

○褒善貶惡，春秋厲筆；天地正氣存千古──亂臣必懼。

●處久易剋，相離易親；遠交近攻人之性──近結遠睦。

○積罪累惡，燒香難贖；能孝守信何須拜──行本良心。

●心遊典籍，則知書味；筆染藝箋覺墨香──知香當親。

○淡泊明志，平易近人；無欲則剛容乃大──大必容物。

●學問貴專，專能致業；知識要廣始應世──立世必學。

○客座有情，千古明月；室窗淨潔好讀書──書通古今。

●氣盛必傷，心滿必損；鋒芒太露易遭忌──守於中和。

○知心如天，天循四時；人貌深情則相瞞──心不可測。

●恨不眼明，盡結益友；喜有餘年讀善書—書友悅心。

○金榜題名，人生所願；名落深山又何餒—餒生難強。

●他鄉遇故，喜上眉梢；客寄異域必傷情—情發思鄉。

○他人之刀，權假一用；擁勢之力何妨借—借必巧施。

●人不怕誠，志怕不堅；體怕不壯事怕為—為必易成。

○佞不必求，人中可羅；德不必讓盡可施—施必人益。

●俗情萬端，能撇則斬；必具超世識與守—不置於懷。

○容遠賢易，容近賢難；容賤則易容貴難—德平無忌。

●氣不相觸，容之則易；才不相抵容何難—無爭則順。

○名相於傾，容之則難；勢相於軋難於容—能容則強。

●敵人之敵，擊急必合；仇人之仇可交友—友必擊仇。

○途過於極，易形絕地；人逾於情易反側—側必留餘。

●清廉固善，凌人則非；公正當喜勿自榜——人譽則美。

○山勢崇險，草木難底；水流湍激魚不生——人潔則垢。

●猝敵不驚，故加不怒；變生不懼勇不怯——怯必改態。

○天無不覆，地無不載；日月照明地天亮——心容四海。

●容辱一時，非易遭挫；以恕容怒則心平——辱人必鄙。

○處心雖正，不為人諒；理事縱公仍有言——佞人無德。

●身涉於世，笑罵屈辱；能免非人腹以容——容必心安。

○酒肉豐盛，未必體益；濃茶淡飯多福人——人福清淡。

●人之犬病，多為量小；心之大患因善猜——猜難識宏。

○譽益於名，但難益實；毀損於名無損實——務實則強。

●持身太皎，難容辱垢；處心過潔不納污——涵容美醜。

○雄心萬丈，體弱難濟；欲酬壯志身必強——強必致勝。

●民主科學，人類望得；文化傳統當執著——不執必失。

○體如機械，不動則銹；人善保養運轉久——久必德業。

●富若能忍，安樂久享；貧如不忍難致強——強必勵志。

○兄弟能忍，和睦情深；處友不忍義必亡——忘義毀身。

●長處於鄰，盡免積嫌；恃財逞勢皆非德——德能調諧。

○計長論短，非為德人；正辯是非君子風——風於義理。

●桀傲不馴，首鼠兩端；居心叵測常自雄——人難與共。

○世間榮辱，原為曇花；真理良心本信念——行世本德。

●非容今謗，難致復譽；蜚語擊倒難遠圖——能容則剛。

○焦急煩燥，於事無補；忍耐處變心不傷——傷必損體。

●洞房花燭，夜與同歡；春風輕度逢門喜——喜必心樂。

○上帝不給，自己創造；天地無生靠發明——人腦稱雄。

●從天而降，絕無寶物；由地而生果必甜——甜生於勞。

○待人接物，悉本人情；理事處斷以良心——忌言狂妄。

●奚落人生，毀滅自己；玩弄手段遭人棄——棄由自招。

○人若有為，勇略智謀；器如寬廣神情安——安必慮危。

●人無血氣，難產爭心；人不好勝難如人——人爭以志。

○君子之爭，揖讓而升；小人之鬥常干戈——戈非以禮。

●飲水思源，報恩反哺；數典忘祖枉為人——人當念恩。

○關山險阻，孰悲路迷；沙漠綠洲又黃沙——無勇難行。

●起程終站，旅行人生；時間過客別空悲——悲非豪雄。

○天重日月，人貴兩眼；地生萬物身論養——有養必壯。

●追求完美，人類天性；實現夢想心當足——足必求美。

○視人如敵，心必難善；看物如仇心變態——態養仁德。

●害既於生，當忘於報；禍既然臨宜於忍——不忍必忿。

○心嫉於憤，載福則難；刻薄於人難致德——德寬厚人。

●鮮美之果，易受鳥啄；位顯之人常遭謗——反躬於心。

○屈事妄加，處聞易忿；能容坦釋氣度閒——急激易變。

●放縱無肆，易淪禽獸；過分矯飾成迂腐——持平則正。

○金錢固重，難購人尊；仁義雖輕可薄天——情重於物。

●過於保守，難結友誼；善於交往易締緣——緣生於情。

○風不吹透，雨打不漏；立於不敗望前行——行必光明。

●歲月流逝，時序轉換；人老青春喚不回——回頭是岸。

○官海浪潮，浮沉升降；翻騰百態宜領悟——悟必不迷。

●因利於國，難計毀舉；揮斧斬蛟擲乾坤——雄圖於功。

○嚴辨義利，明分生死；成功成仁當識機——褒貶千秋。

●人性具有，野心夢想；抱負執著榮譽感——感因恥辱。

○興衰浮沉，喜怒哀樂；挫折失落冷酷情——情在人受。

●忘軍棄政，性習畫畫；淚恨黃龍宋徽宗——宗難對祖。

○阿里山上，日月潭畔；看杉說楓聽木棉——棉音潤神。

●有恩於人，不可不忘；人恩我不可或忘——忘愧反報。

○一分誠意，懷著愛心；布施雖微勝有錢——錢非專利。

●剛強懦弱，殘暴恐懼；錯誤坎坷慈悲心——心性難一。

○長於武技，優於游藝；機智膽識曹孟德——德人德乎。

●春天賞櫻，秋日看楓；夏洗溫泉冬戲雪——雪去玉山。

○依照主意，擺弄姿態；扭曲肢體憐貧栽——栽供人賞。

●走出陰霾，迎向陽光；寬恕別人忘掉恨——恨存傷己。

○人之生命，脆如螻蟻；空前浩劫盧安達——達嘆難民。

●東籬之菊，南山之景；淵明之性皆悠然——然悠兩忘。

○渲洩腦中，抑鬱之氣；發以文藝或性暴——暴式殊異。

●半生落拓，遊蕩江湖；剩得秋心祇自知——知人難知。

○以藝取勝，性介拔俗；不為勢迫難金取——取之理情。

●人之為人，腹有詩書；否同牛馬穿衣服——服非獸同。

○人奮科技，得明真理；昧以文墨馬前卒——卒供鞭使。

●何謂眾生，不覺迷識；何謂仙佛眾生悟——悟修正果。

○翠竹環繞，綠蔭濃郁；景物清幽雅宜人——人性易淨。

●莫笑人間，是非閒事；心頭自蓄傲世情——情潤性靈。

○千載今日，詩文在誦；難隨草木風煙滅——滅因不雅。

●人初塵世，賢愚難別；後分龍豬因讀書——書明劃界。

○資財萬貫，不如學藝；德與妄別無關親——親難掌握。

●堯承盤古，道傳舜禹；湯文武周孔孟孫——孫志蔣繼。
○書如糞土，詩似糟粕；現實主義鄙文學——學難求生。
●大鵬展翅，搏風九萬；龍騰九霄中華雄——雄得爭氣。
○不是真人，勝似真人；揚州木偶劇來台——台陸文化。
●廳堂書齋，亭榭樓閣；古蹟廟宇祠社聯——聯語千秋。
○綠水何憂，因風皺面；青山不老雪白頭——頭白為雪。
●讀書城南，城早煙滅；宗賢課讀詩千古——古人勉子。
○名利權勢，錢難買樂；富貴浮雲先清心——心淨人爽。
●人有貢獻，始得地位；身獲名份可發言——言重人聽。
○飛機著陸，船要進港；人要回家皆有窩——窩為鳥築。
●四面荷花，三面桃柳；一城山色半城湖——湖名大明。
○水底月是，天上之月；心中人是眼前人——人慕心人。

●念一世紀，人求生存；回復孔子尋智慧——慧得繁榮。

○人賢識大，不賢識小；小為草木大山川——川以海容。

●滿月山河，空幻念遠；落花風雨心傷春——春憐人間。

○五千年來，世未曾有；中華民族大流徙——徙向蓬萊。

●欲起大事，不與眾謀；奪天之功極守密——密洩身亡。

○竊器發覺，不動聲色；安撫楊羅心反撲——撲捉少奇。

●中山遺言，蔣公繼志；和平奮鬥救中國——國將富強。

○原野村童，晴空啼嚎；宇宙無語蒼天何——何不垂憫。

●處地絕望，希望無限；當年孤島世唾棄——棄反興榮。

○境處絕望，不可自了；人私斷裁冥不恕——恕為壽終。

●南巡車箱，暗置竊器；醜態恨露文革起——起殺功狗。

○毛無渭璜，思想難一；劉乏潤芝不建功——功在地下。

●兩岸中國，絕非目前；史地文化未來體——體實現在。

○噪音蒼涼，聲調悲愴；日哭敗降台民歡——歡聽廣播。

●大聲說話，人性本能；小音論理是文明——明判粗雅。

○兄弟異性，手足相煎；權利當前難相容——容非遠離。

●二十世紀，中女嫁外；念一世紀外嫁中——中國當令。

○女人心裡，難容微粒；稍不如意惹塵埃——埃生風波。

●搏獅之力，用以搏兔；初展雄風立見影——影隨形彰。

○戴滿勳章，街上走動；戰敗日軍台人揍——揍因昔怨。

●日視台民，怒目喝叱；統治猛虎投降狗——狗向人禮。

○心有宗教，常律自心；人無信仰世俗人——人多名利。

●文人深思，探根究底；武將粗獷難用腦——腦策用眾。

○世無宗教，人心難拯；身修佛法可破解——解因望好。

●好莫自好，好助人好；好相祝好人人好——好不忌好。

○七七抗戰，誰先開槍；中謂日本日謂共——共電成功。

●人不讀書，怎能近聖；魚因換骨始成龍——龍躍飛天。

○人只一天，今有兩天；欲報之德山水長——長念難忘。

●人佔役物，物佔役人；內心空虛靈難托——托非物慾。

○伶牙利嘴，口惹懸河；辯才無礙貌迷人——人事魄力。

●人誠於表，難明於心；心要人明須本實——實心做人。

○沙彌夜遊，墊橙越牆；禪師撤橙以肩代——代不言過。

●贈人以言，重如金玉；傷人以言似鋒鏑——鏑心烙痕。

○吃喝拉睡，貪嗔痴恨；心靈疲憊生命息——息悟明道。

●豬身三蝨，為肥爭佔；臘祭茅烤吸瘦兔——兔危祀供。

○人會說話，未必會做；若是會做先會說——說做合一。

●應該力爭，保持靜默；懦夫表現無真理——理由人申。

○關心體貼，愛護別人；社會和諧人幸福——福國利民。

●倫理親情，懷德報恩；桃園新屋范姜姓——姓不在書。

○天來異類，類屬稀有；初履異地皆異象——象皆不同。

●英俊飽學，建功得榮；歲月無情影像消——消去塵世。

○梅菴梅癡，大千之師；清道人名李瑞清——清季遺老。

●割肉餵鷹，投身飼虎；頭目髓腦惠施人——人是佛陀。

○國之安危，世之得失；名教保存功論人——人為位別。

●客鄉生疏，莫要逞強；強龍難鬥地頭蛇——蛇霸為雄。

○心是熱的，普愛世人；淚是磁的化情人——人被感動。

●蓬頭垢面，狀似癡愚；自言自語見人笑——笑看梅菴。

○為忙三餐，做牛托磨；人生看破無此勞——勞去修道。

●古人撰書，文謂潤筆；今人著作謂論酬——酬詩無費。

○有生必死，命本無常；天災人禍刀兵劫——劫臨難逃。

●道在咫尺，不行難至；事雖很小做易成——成因人為。

○工作卑微，辛苦固有；人性尊嚴皆相等——等不分職。

●步步生蓮，舞賞蓮台；南齊廢帝千秋罪——罪始金蓮。

○師有快樂，生必精神；校園美景師生樂——樂諧社會。

●小楷精絕，勁秀挺拔；丹青山水師原濟——濟徒仲麟。

○氣息不來，立變異世；沉淪惡趣苦時長——長當修道。

●誤入凡始，坐臥囚關；刑滿鋼夾身出哭——哭陷塵寰。

○滿腔熱血，毫無吝惜；獻給世人得幸福——福國利民。

●道貫古今，師表萬世；至聖先師孔夫子——子受人尊。

○憂鬱蒼涼，激昂悲壯；橫塑賦詩曹父子——子篡漢祚。

●連山千里，當有主峰；匯水百川得正流——流向江海。

○時局煩惱，愛國情懷；憤世徒然淚滿襟——襟悼秋瑾。

●巨石浮雕，騎馬雄姿；亞特蘭大石頭山——山景影像。

○人之性情，品格學養；襟懷抱負內蘊涵——涵潤德性。

●殺盜淫妄，因起飲酒；酒毒亂性餘皆生——生犯五戒。

○眾裡尋美，千百度好；驀然回首自心中——中外無佛。

●閨中密友，革命知己；埋骨西泠徐自華——華葬秋瑾。

○大聲叫哮，口沫四濺；自我膨脹沒品味——味表內外。

●歷史長河，文學淬鍊；靈光慧語留世賞——賞智賢言。

○登山健身，花生養生；吐納彎腰以長壽——壽得有恆。

●如實知道，自己之心；這個就是真菩提——提醒莫忘。

○縱棋疆場，躍馬執戈；將軍百戰聲威揚——揚名九州。

●在生活中，融和佛法；於體驗中去開悟——悟非坐禪。

○澇旱之年，兵災歲月；壯弱相食企延命——命難論親。

●草叢哇聲，唱起悲歌；深秋夜涼聆曲音——音調感心。

○皓東沉勇，堅如果毅；命世之才死節烈——烈名千古。

●生不為窮，奮鬥掙扎；餘力閒事人有福——福捨食計。

○水之無邊，天當做宰；山登高處人為峰——峰接天際。

●非洲飢童，無食倒斃；曰斜鷹落食滿腹——腹皆人肉。

○鷹生非洲，感謝上蒼；遍野人屍何愁餓——餓死誰憐。

●披風踏月，桃源溪畔；蘭衾夢中憶情人——人惜遠去。

○水性善下，故涯大海；山不矜高無極天——天上有天。

●牙痛要命，無牙難嚼；真牙總比假牙好——好當早裝。

○北伐中原，功敗垂成；精忠報國岳武穆——穆穆千秋。

●知道愈少，性逾堅持；懂得愈多感無知——知之無涯。
○逃避魁首，假禍中共；七七侵華戰端起——起因曰挑。
●強佔東北，鯨食華北；出兵中國志亡華——華不屈勝。
○正事不幹，鋪張揮霍；性情亢爽心無私——私曲人傲。
●生命花果，看如何栽；光輝歲月怎樣用——用之在己。
○既定命中，要創己運；豁達胸襟認識命——命喜窮富。
●喜壽宴會，傾刻陷入；愁雲慘霧境迴異——異當應變。
○藉兵失蹤，強入城搜；守軍峻拒曰猛攻——攻起事變。
●膏粱氣質，紈褲腔調；呼盧叫雉偎紅依——依翠度曰。
○受勿擁有，但可執著；既使殘缺仍鮮美——美當自美。
●絕不事實，勿為世愚；事變曰掀非中共——共想抗戰。
○長江三峽，行將湮滅；千古文物永沉底——底出無曰。

●西陵峽谷，山中猴子；兩岸猿聲啼將止——止因建霸。

○三峽工程，位峽出口；江中堡島建大壩——壩無水患。

●酆都東殿，雲陽張廟；奉節永宮孟良梯——梯等湮移。

○玉色金聲，從容和毅；性靈涵養書滿腹——腹藏詩文。

●好友頻來，滿屋藏書；讀書真是享清福——福得心潤。

○心為形役，最是痛苦；形為心役苦何來——來當身體。

●世界最大，橫跨兩岸；西陵長江懸索橋——橋長逾千。

○川鄂兩省，一九縣市；三百餘鄉百萬人——人遷建壩。

●世俗知識，逾學逾深；佛法參研最後無——無法是佛。

○人人都道，讀書很好；閉戶讀書有幾人——人以書樂。

●詼諧有趣，回味無窮；有友始是人生福——福看人享。

○骨質疏鬆，猶屋海沙；人體大樑在骨撐——撐不缺鈣。

●人善人欺，天絕不欺；人惡人怕天不怕──怕天懲惡。

○尋春當是，先春早來；莫待花謝看老枝──枝頭鳥啼。

●草木知春，不久歸來；百般花色鬥爭艷──艷紫千紅。

○飲食男女，性靈感通；無難求全無難美──美得心印。

●清逸疏朗，高雅華麗；拙政留園各擅長──長在自然。

○拙政留園，北京頤和；避暑山莊四名園──園在熱河。

●春風常綠，江南兩岸；明月何時照人還──還我本性。

○百憂感人，萬事勞形；塵海人生苦世情──情得悟情。

●生歷難苦，始知惜福；人得病痛明身貴──貴因健康。

○園林花影，碧池波痕；幽篁古樹奇異石──石嶙崢嶸。

●江南園林，甲於天下；蘇州勝景美江南──南看拙留。

○浸淫書法，啟迪心智；筆歸瘦硬反通省──省察潤體。

●家史國史，人生之史；生不明史難為人──人知歷史。

○八月八日，為爸之節；陷區人民望父拯──拯指蔣公。

●梅為國花，表示尊敬；八月八日子女佩──佩為感恩。

○期待茫然，贊成反對；矛盾情懷心中結──結看建填。

●民族氣節，愛國情操；蘇武牧羊烏拉山──山今俄佔。

○漫漫白雪，一片荒涼；手握節杖不屈降──降非蘇武。

●錫克教徒，頭繞頭巾；象徵權威腰佩劍──劍護真理。

○慶祝父節，親在紅梅；不在子女佩白梅──梅花表悼。

●對岸日寇，砲轟鐵路；潼關黃河風陵渡──渡車夜開。

○心為聖賢，必是聖賢；志做凡夫非凡夫──夫人不俗。

●耳聽潮音，心涵海印；身境澄然神內通──通看國父。

○善研經傳，不為所惑；能役古人不為奴──奴難反主。

●靈岩怪石，疏林平沙；仙葩組錦幡舞鳳——鳳迎客臨。

○霧閣雲窗，檻外藍天；莫向愁人問故吾——吾悟前塵。

●俯仰天地，勘照自我；愧歉難昧獨處明——明察自性。

○夢中幻鳥，展翼飛翔；編織美麗南柯夢——夢早醒悟。

●烏雅爭肉，互打難休；佛看世人何不然——然當讓開。

○教人立世，自立自強；手心向下莫向上——上求人憐。

●塞上秋風，落日悲歌；幾時痛飲話舊情——情憶昔情。

○抗世壯舉，淑世情懷；陽剛溫柔閒散人——人不執著。

●心有餘閒，隨緣玩味；胸懷開朗無執著——著相人苦。

○雖由人作，宛自天開；江南園林巧奪工——工得神授。

●偶得滿意，自認非凡；真是幼稚可憐人——人不自省。

○心存感恩，始不自滿；人多施捨勿求報——報恩施主。

●命非歹舛，根豈劣賤；挫傷不餒立志起——起當助人。

○領先奪冠，屈居些微；神情鬱卒心生忍——忍接銀牌。

●詩盛於唐，詞雄於宋；衰於元明清復振——振於江左。

○豈是逢閒，閒不得心；清閒豈是等閒人——人閒心忙。

●人生遺憾，君休感喟；戲到團圓是散場——場為演設。

○男婚女嫁，天經地義；何不嫁娶享幽默——默少情趣。

●百戰百勝，忍為上策；萬言萬當不如默——默致千金。

○人無自知，難有自信；人不自信豈自知——知以信生。

●人人盡說，清閒很好；誰肯逢閒閒此身——身忙心閒。

○四時風趣，閒中領過；千古豪雄夢裏忙——忙閒自得。

●紅塵萬丈，往來頻繁；人身常欠無情債——債不人債。

○人在塵寰，為生忙閒；煩惱快樂常迷惘——惘誤今生。

●良知良能，磨練心志；習練品德教育功——功在啟迪。

○夏蚊成雷，幻鶴飛舞；叢草可林蟻為獸——獸非在山。

●情趣單調，生活無聊；觀念轉換樂難窮——窮看山水。

○繼母虐子，子求父全；鞭打蘆花牛返車——車村皖蕭。

●皇帝將相，官紳土豪；敗夫走卒凡俗子——子同靈性。

○適意行止，安心坐臥；渴飲飢餐醉時歌——歌間天地。

●心填不滿，路走不完；美無標準醜難評——評心皆善。

○工作忙碌，囿於現實；想像空間潤心靈——靈性提升。

●雄於人類，萬物之靈；惜命短促生求道——道得永恆。

○母在無苦，母去三寒；高堂母在全家暖——暖子無飢。

●朝看日出，暮觀晚霞；老年歲月時難熬——熬易不閒。

○人生得意，須盡歡唱；莫使金樽空對月——月無常圓。

●無價之物，千金之裘；估酒同銷萬古愁——愁難以酒。

○佛道昧明，儒學深研；閃耀生命枯葉蝶——蝶陷難舞。

●跳出紅塵，遠別名利；空觀人世無風波——波及心擾。

○世態炎涼，人情冷暖；賢愚是非爾虞詐——詐心人醜。

●宇宙寂然，氣執不停；日月奔馳明不易——易難常照。

○想做偉人，不怕人罵；欲為學人先博學——學無止境。

●今朝有酒，今朝當醉；人在樽前有限杯——杯空愁無。

○對酒當歌，人生幾何；何以解憂唯杜康——康難體康。

●世態人情，百般思量；賢的是他愚是我——我有何爭。

○胸懷大志，南柯一夢；英雄失路嘆悲涼——涼山夕陽。

●德人閒時，心思吃緊；凡夫忙處情不閒——閒忙調適。

○富翁建樓，只要三樓；一二免築為省錢——錢儉基無。

●錢少美女，難得其心；價購藥品非健康——康由自主。

○登山望頂，越走逾累；攀峰看腳不吃力——力因心到。

●唐宋時代，重視文人；詩詞璀燦開花果——果實甜美。

○縱跳入海，捨身救人；野柳義行林添禎——禎傳千秋。

●日不讀書，語言無味；面目可憎無機智——智得在博。

○搖搖晃晃，高空走索；行無平衡點難立——立上危險。

●卑酒肚突，全身肥膏；文明醜陋皆顯出——出難健康。

○易經有云，安上樂生；不得其生非厚道——道得本性。

●台北新店，平廣路邊；有顆千年九丁榕——榕樹得靈。

○人性潛力，究有多少；科學專家難定論——論看發揮。

●曠古傲今，經典巨著；世界文學諾貝爾——爾當購讀。

○未生惡事，速將消斷；已發善事須廣施——施為精進。

●氣度恢閎，懷大氣魄；重視名器守原則——則可用人。

○得志不驕，失意不餒；提升品性不惡伍——伍善人貴。

●能耐天磨，真正鐵漢；不招人嫉是庸才——才堪重任。

○年年富貴，歲歲平安；一生榮華無災劫——劫有不幸。

●裝進棺材，四次復活；土耳其人古可汗——汗顏自侃。

○希望得到，最後如願；然而結果空歡喜——喜臨何喜。

●寬厚待人，不拘小節；知人善任兼容蓄——蓄才國用。

○榮華富貴，嚐盡艱辛；坎坷多災溥儀帝——帝作傀儡。

●青山綠水，紅葉色艷；白雲深處有人家——家非凡家。

○滿湖蘆荻，六月新荷；十里香風鬥鴛鴦——鴦戀蓮塘。

●巴黎倫敦，海底通車；高速鐵路貫兩國——國人閩臺。

○人生追求，不過如此；財色名食睡五欲——欲得短暫。

●畫通書法，書寓畫意；書畫同源皆千古——古今人賞。

○處境有異，難求一樣；人生百態性皆殊——殊途同歸。

●風雪寒夜，溫室茗酒；捧讀異書心馨然——然當憐野。

○遊戲規則，共同制定；誰要破壞遭開革——革無遵守。

●幾許遺憾，多少慚愧；塵世萬般何留心——心繫煩苦。

○感恩心情，處於塵世；心存感謝世皆美——美物美人。

●長松峭壁，飛瀑流泉；氣勢腕力令人歎——歎為觀止。

○美國牧師，紅十馬基；南京曰寇屠殺情——情攝影慘。

●冒著刺骨，寒凜冷風；投身廣漠銀色地——地悟人生。

○世人遊戲，皆本法則；天上神仙何不然——然守佛規。

●長江黃河，水流不斷；中華民國永存世——世人敬仰。

○人儉克勤，祖宗創業；兄弟爭財仁義無——無情難親。

●不驕不吝，不忮不求；不卑不亢不怨尤——尤先德人。

○寫字用筆，說話以口；世上鉅細得從頭——頭尾銜接。

●渾涵光芒，雄視當代；惜無書藝傳千秋——秋來影消。

○價碼有誤，質量難符；談判不成仁義在——在結人情。

●一點丹心，照耀古今；千秋義氣關雲長——長存天地。

○做為人類，萬物之靈；珍惜得身善運用——用在明道。

●人我心裡，秋清月白；迎人爽氣遠山青——青天白日。

○嬉笑怒罵，皆是文章；不合時宜裝滿腹——腹裏千秋。

●美觀實用，自電售電；屋頂加蓋太陽能——能量日產。

○八十週年，國民黨慶；一日百首紀念詩——詩出幽默。

●今世令人，永生垂敬；萬古英雄第一人——人崇關公。

○忠義參天，心比日月；浩然正氣世無雙——雙指武聖。

●似水年華，燦爛繽紛；女人如水多柔媚——媚僅一時。
○台灣冊移，樺山資紀；安籐利吉降陳儀——儀逆遭殺。
●蠶食鯨吞，塘沽何梅；岡村梅津何應欽——欽受曰降。
○曰據台澎，學廢漢字；蚩蚩台民無書讀——讀皆曰文。
●黃河之水，萬里渾茫；千載悲運河山情——情非今情。
○象生翅膀，人難想像；某人得勢何不然——然須共制。
●爐中造出，千家用物；手裏寫得百家書——書法傳世。
○九月三曰，岡村寧次；首都南京遞降書——書呈應欽。
●事不怕敗，但莫再敗；在世為人不可敗——敗難做人。
○雲山蒼蒼，河水泱泱；澎湃洶湧黃河水——水潤中華。
●華夏文明，迎向海洋；征服海洋放光芒——芒輝萬丈。
○黃土黃水，黃皮種族；酣睡巨獅華夏醒——醒護人類。

●觀察事物，得到啟示；未臨其境悟其情——情明在心。
○神通何用，益增苦憂；恪守常規得恆心——心不為亂。
●突中特獎，日夜煩惱；往昔鄰友難見面——面得慮多。
○外似倜儻，宅心仁厚；淡泊風雅詼諧性——性情圓融。
●喜馬拉雅，山前背後；印度中國各千秋——秋水天長。
○自然界中，龍為橫暴；在塵世間皇帝是——是非龍人。
●無求是貴，少痛得壽；夠用為福感恩喜——喜從心起。
○世事無常，生命有限；凡情假緣捨追求——求性圓明。
●陰謀陽謀，風雲詭譎；生死拼鬥殺機藏——藏中南海。
○身處其地，天心不昧；澄清心鏡明事物——物得性真。
●歷史富足，文明悠久；故事演完看今朝——朝向科技。
○獎牌得豐，難表強大；民生富足袋錢多——多建工業。

●經師易求，人師難得；愚好自用量小損——損非外來。

○酸辣苦甜，悲歡離合；成敗得失織人生——生無缺憾。

●壽如松喬，與日月俱；觀孔老論松喬福——福得享久。

○王子喬者，周靈王子；遇道學仙是隱士——士為世範。

●臨死心情，誰能體悟；生死兩難得看開——開懷笑亡。

○男女器官，性愛之神；東西民族建廟拜——拜祭生殖。

●人欺非辱，人須非福；佛魔心做升降自——自忖在心。

○心中懷抱，堯舜之志；身體保有喬松壽——壽指赤松。

●神農雨師，掌雨之官；常食水晶得神仙——仙赤松子。

○生不如死，困病苦痛；人何願亡體隱疾——疾得難醫。

●人沒智慧，卻表殷勤；不是愚昧是危險——險生無識。

○青山隱隱，雲霞飛去；秦月寂寂漢昭關——關卡難越。

●花因解語，還嫌多事；石不能言更可人——人愛其骨。

○天堂地獄，皆由心造；心是天堂死無獄——獄由心判。

●建黨百年，蓋世奇功；自強團結展雄風——風光萬代。

○一槍石破，驚動天地；雙十降臨國家慶——慶賀千秋。

●海峽兩岸，分裂敵對；和平統一人民望——望勿互戈。

○文章欣逢，今日時盛；謙讓能發大地春——春滿人間。

●面向陽光，黑暗在後；心向光明無陰影——影隨心移。

○人有二命，公私皆具；捨己為他心相轉——轉變美貌。

●三民立國，興復華夏；天下為公進大同——同心努力。

○排除橫逆，蕩平群魔；中華民國萬萬年——年年歡慶。

●民主不能，沒有法治；自由豈可無尊重——重己敬人。

○社會假若，無小人物；國家建設難推動——動須螺絲。

●人會作詩，想猶李杜；口咄美言心莎翁——翁語靈慧。

○文化薰陶，書畫潤情；精神享受皇帝癮——癮因宮藏。

●中秋月滿，高懸天心；散射清暉照塵寰——寰宇仰慕。

○江河之水，百代流逝；權朝更迭唯詩存——存因美感。

●美松恨不，高邁千尺；醜竹應須斬萬竿——竿降人眼。

○看見國寶，心如皇帝；吃進美食想到佛——佛乞食同。

●理性感情，陰陽交爭；雙方究誰戰勝誰——誰能答對。

○三峽雲南，九寨莽林；蘇杭湖光揚州橋——橋露靈色。

●星垂浩空，平野遼闊；月色湧注江心流——流向大海。

○杜甫棄官，自甘入蜀；詩留二百千古唱——唱在成都。

●水可載舟，亦可覆舟；用藥不當問題多——多在副用。

○品好人慕，心得苦讀；身須勞動人奮勤——勤儉持家。

●急急忙忙，朝夕苦求；寒寒暖暖渡春秋——秋冬為生。

○是是非非，何時可了；煩煩惱惱幾時休——休先明道。

●陽業案前，皆由自造；陰司地府難有親——親不承債。

○無過是功，無怨是德；無事是福無病壽——壽得動長。

●心包宇宙，量周法界；虛空廣闊何計較——較多人苦。

○籠雞有食，湯鍋將近；野鶴無糧天地寬——寬心遨翔。

●朝朝暮暮，營謀家計；暗暗昏昏白了頭——頭腦早醒。

○明明白白，一條大路；萬萬千千快悟道——道求有身。

●早將凡俗，化為仙事；除去塵心為佛心——心不煩擾。

○塵世人生，矛盾心態；愛戀紅塵復厭世——世人愁苦。

●行業萬千，千門別類；類為謀生生選途——途程自創。

○台灣屏障，是在金馬；不顧險危主撤軍——軍守島安。

●腹裏詩文，恆留我心；重如泰山不忍放──放難發揮。

○尊孔敬祖，國人傳統；父歿子祭文化承──承祀千秋。

●形神兼具，血肉豐滿；生動鮮活呼欲出──出寫小說。

○老謀深算，輕信人語；敢於鬥爭讒畏譏──譏以人殊。

●學重性理，議講節操；經世致用難科技──技迎潮流。

○世上榮辱，飄逝天外；輕似雲彩影無蹤──蹤有心苦。

●時空不同，代有雄出；證嚴永慶光耀輝──輝躍舞台。

○中法文化，交流先驅；孟德斯鳩黃嘉略──略為莆田。

●魄力宏大，膽氣簿弱；冷酷殘忍復溫情──情得情異。

○自強自立，相信命運；嚴肅端謹詼風趣──趣味性別。

●台灣先烈，中華英雄；寧靜王歿五妃殉──殉為節義。

○王盡丹心，五妃全節；地埋青塚史留芳──芳香千秋。

●不幸割喉，聲如母鴨；無喉協會同病憐——憐相激勵。

○熱忱達觀，犧牲奉獻；創新展望健康得——得看人生。

●旋轟磨上，沉出瓊液；煮月當中寰雪花——花為豆腐。

○百沸湯中，滾滾雪花；金刀剖破玉無瑕——瑕非豆腐。

●世上烏鴉，人人討厭；何不修口受眾喜——喜開蓮花。

○腦筋固好，未必成功；死咬工作終出頭——頭天明亮。

●人生在世，如缺好友；身體猶似無足手——手難運用。

○老子慈憫，聖靈降台；道德聖經新解疑——疑無得妙。

●煮豆為乳，脂為香酥；高燒油燭斟蜜酒——酒飲品腐。

○洋洋灑灑，委婉曲折；迭蕩起伏有聲色——色描形態。

●別把關懷，當做愛慕；心情表錯人情無——無限無聊。

○高原洪水，海洋海嘯；沖得神州人民昏——昏久必醒。

●五百年前，明朝萬虎；身綁火箭想飛天──天空幻夢。

○北方游牧，中原農耕；生存空間互爭雄──雄得為霸。

●人文性理，凌駕西方；自然科技強中國──國必習得。

○東北庫葉，西南喀什；新疆哈薩東南琉──琉球國土。

●人固平淡，榮民不凡；成長時代為國家──家捨報國。

○跨越蔥嶺，超邁蒙漠；衝出海洋窺世界──界無限界。

●愛迪生氏，燈廠失火；叫子知媽友來看──看未難再。

○黃土高原，黃種源地；食衣住行皆是黃──黃泉歸土。

●蒙北烏梁，東海琉臺；南海曾姆西蔥嶺──嶺內國疆。

○家有智障，難謂業臨；天賦天使常陪伴──伴親得樂。

●愚公移山，精衛填海；莽莽乾坤猛志為──為表恆心。

○靈光一閃，幻化萬千；妙趣活潑現筆墨──墨留世間。

●陽明春暖，百花吐艷；靈泉淨琮匯寶潭——潭水清冽。

○從容疆場，沉潛仁義；千秋氣節萬里山——山河入畫。

●中國北方，沙漠發現；八千萬年恐龍蛋——蛋非人佈。

○人活牽掛，構成人生；心懷感念何負人——人生知恩。

●節食起早，睡好不飽；百歲無疾壽且康——康得運動。

○事到臨頭，心要想通；行不冒昧鑄大錯——錯難補改。

●一心清正，千家主福；兩字公平百家安——安因有德。

○人在窮途，須要幫助；盡己之力不痛惜——惜出愛心。

●自由民主，中華國父；中山辭典匯編出——出為民富。

○男重氣概，擔當開創；女重韻味靈慧容——容忍包涵。

●登上太空，俯瞰地球；萬里長城工程豪——豪情傷感。

○帝王將相，難鳴狗盜；達官貴宦市小民——民主至上。

●黃河長江，萬里入海；國人何不早造船——船行五洲。

○杭州山前，白鷺飛翔；桃花流水蹶魚肥——肥觀性美。

●樂天安命，自己知足；觀水遊山不競心——心清性明。

○女動心男，解意非唇；男為女服襟非體——體難潤智。

●柔情似水，鍾靈毓秀；紅塵群雄紅顏豔——豔絕眾芳。

○此山望見，彼山較高；到了彼山前山好——好因未到。

●誠實正義，勇敢忠心；聰明機警敏捷智——智用正當。

○青青篛笠，綠綠蓑衣；斜風細雨不須歸——歸向夜空。

●水清如鏡，淨無塵染；倒映峰巒照眼明——明看山景。

○鬢影衣香，玉骨姍姍；聰明靈巧婀娜姿——姿以才德。

●寄心瑣語，秋燈瑣憶；香畹樓憶頌美神——神女銘心。

○零璣碎璧，片羽吉光；搜羅吟哦娛情性——性得寢饋。

●八三選舉，省市長議；五千年來第一次——次爭統獨。

○金闕九重，聖壽萬年；玉關千里歸鄉急——急告老返。

●萬古長空，何必惦遠；一朝風月只顧前——前面做好。

○去年春日，同遊譙好；花媚東風燕舞起——起因伴奏。

●路上小豬，車子撞跛；小豬尋群群找牠——牠通人性。

○簏箴豐富，琳琅滿目；簠簋不飭相形拙——拙顯寒傖。

●固守金馬，防衛台澎；有主撤軍何居心——心為選票。

○重味莫食，淡味免生；阿茲海默症痴呆——呆無常動。

●新生南路，瓦斯突暴；車內五人死傷慘——慘因行過。

○生未必喜，死復何悲；生死輪迴人證悟——悟明何有。

●晴空萬里，清風明月；閃電雷鳴狂暴雨——雨歇心爽。

○東來心怯，海峽水冷；西去應悲江水寒——寒暖自溶。

●民國十四，萬國競走；奪得冠軍周余愚——愚為國光。

○唐征高麗，馬陷淤泥；太宗夢呼誰來救——救為仁貴。

●茫茫山川，浩浩草原；北國風光無限情——情繫失土。

○漸行漸遠，混沌模糊；往昔痕跡易健忘——忘去塵煙。

●市塵眾生，茫茫人海；為忙生計匆匆行——行顧目前。

○東渡兵將，心皆武穆；西征惜無薛丁山——山海難阻。

●日月潭樓，千古雄發；江山留與後人賞——賞湖風光。

○肉體被用，數十寒暑；終將腐朽非靈性——性永存空。

●多少心儀，難盡欣賞；留點遺憾下次補——補難如願。

○力勢相懼，始得和平；如一大膽則互傷——傷因動戈。

●看到事物，皆感很美；內心門窗算打開——開因聰明。

○明月樓高，別想獨依；酒入愁腸幻思淚——淚難人訴。

●莫要妄想，偏要妄想；想到最後空妄想——想難不想。

○青春歲月，幻麗情思；深摯心想裝滿懷——懷著夢憬。

●珠寶落地，看鵝吞食；比丘化緣疑不說——說鵝死定。

○時地專心，背誦複習；勤記剪貼慢速讀——讀書方法。

●昔民遊牧，讚拍馬屁；今喻逢迎質變諛——諛為吹捧。

○學人難佛，禪師倒茶；杯滿再傾學謂滿——滿如訪客。

●兩個肩膀，損隻腦袋；一身肥肉行走屍——屍無思想。

○與其降婿，寧守藝隅；知音難尋尊嚴得——得自個性。

●東渡王師，四十五年；兩岸情結中國心——心望統一。

○塞外風寒，浩浩黃沙；明駝千里一日還——還鄉木蘭。

●生為存活，只有奮鬥；人唯前進難後退——退豈求活。

○淮河之濱，有韓一族；明德之後有達人——人皖穎潤。

●不經飢餓，難體餓殍；非經窮困豈知艱——艱因苦得。

○飢餓感覺，誰人體諒；肚腹心靈何人知——知為眾生。

●滿天星斗，可望不及；深山百合遇難求——求得知苦。

○吃不到的，人想去吃；看不到的偏想看——看為好奇。

●生欠完美，人皆追求；命何殘缺嘆不全——全是心病。

○既得身教，不難教他；若須教人先教己——己為教先。

●豪門肉臭，野遺凍死；塵海人生難論平——平心不平。

○人生矛盾，矛盾人生；解迷悟得可為聖——聖佛不迷。

●變化是假，假難變化；看到非真真看不——不定看到。

○旱望雲霓，暴雨成災；飢盼飽食食多病——病由脹來。

●生命源源，卻難大雅；裸足期盼為惡源——源生於裸。

○天地日月，塵海世間；紅黃藍白黑紫青——青白人生。

●塵海書鏡，照耀微語；妙手筆花開四時——時聞紙香。

○放遠眼光，解開胸襟；往前跨步莫後退——退難發展。

●寒風呼嘯，凍徹肌膚；腥風血雨滿江紅——紅色江山。

○布衣暖身，菜根香口；詩畫藝文滋味長——長養潤心。

●儉省醫貧，獨臥醫淫；隨緣醫愁書醫俗——俗除多讀。

○糞夫發財，銀扁金桶；跩上一跩闊闊氣——氣妄人傷。

●莫迷地僻，人少踐擾；自悟心閒意味長——長虹耀空。

○粗獷俠豪，充塞江湖；梁山英雄忠義堂——堂前結拜。

●學使心善，可為人惡；涵養性源氣質變——變為仁恕。

○人之害我，因我害人；我不損人何損我——我當守德。

●通天地人，謂之儒通；如不通人謂之使——使難天地。

○人雖至愚，責人則明；心是聰明恕己昏——昏何能明。

●待足何足，知足便足；求閒何閒，偷閒閒——閒為自閒。

○薄福自刻，刻薄逾薄；福厚人寬，寬益厚——厚人得福。

●清明在窮，氣志如神；決策空計，養神明——明不有誤。

○樂不可極，樂極生哀；欲不可縱，縱成災——災來因縱。

●勳業功名，隨身銷毀；詩文氣節，千載存——存世人欽。

○責人之心，先責於己；恕己之心，以恕人——人皆可賢。

●覺人詐攻，不形於色；心有餘味，容多福——福厚知享。

○人生福境，皆因念想；貪愛沉溺，陷苦海——海中難起。

●美味腐腹，好色溺心；勇夫招禍，辨致殃——殃因逞強。

○風花雪月，唯靜所賞；木石消長，閒識真——真因慧明。

●雨後觀山，景象新妍；夜靜聽聲，音清越——越潤心神。

○願望囊中，裝滿雄心；金鈔功業，情愛等——等人來取。

●鏡中之花，水中之月；夢中幻夢醒是夢—夢是人生。

○事不如意，恬靜耐處；怨尤心起多躁擾—擾去自涼。

●得志盈驕，失意淒涼；得失無心無得失—失不感涼。

○薏米糙米，黃豆地瓜；合煮稀飯經常吃—吃可防癌。

●A型鏈球，菌謂噬肉；繁殖驚人體敗血—血壞人亡。

○緣起緣滅，生死如幻；過去現在或未來—來個組合。

●登高心曠，臨流意遠；晝夜神清嘯阜邁—邁使人與。

○四壁寂然，一絲難著；氣體曠怡謂清福—福來自惜。

●窗外天空，海浪煙雲；千奇幻化古今情—情傳千古。

○因情人惑，為情心苦；情在世間有迷悟—悟了可仙。

●身有傷口，醫莫自藥；紅腫小泡噬肉菌—菌滅殺菌。

○遙對長天，虔誠懺悔；跪地痛嚎獲神諒—諒恕看心。

●坐上搖椅，安養天年；此種天年何須享—享在山中。

○清華小將，計出奇兵；調虎離山把王擒—擒少奇妻。

●澤畔行吟，靈修千古；汨羅忠愛江蘺香—香出屈原。

○草地拐杖，現鳥忘機；花下兀坐雲無語—語何人語。

●臥雪望雲，吟風弄月；萬丈紅塵心遠離—離了難攖。

○唯酒無量，不及亂性；稱觴祝賀誠表達—達情敬意。

●挫折遺憾，拼命療傷；痛責自己人最蠢—蠢過勇去。

○煙霧迷濛，翠綠山巒；溪泉碧瀾拋儉念—念天地美。

●文化種子，剝落大地；育養後代耀光明—明照萬世。

○山居胸灑，野鶴孤雲；清泉白石機心忘—忘俗塵寰。

●心頭寬厚，春風煦育；萬物遭遇生命發—發因得惠。

○念頭忌刻，朔雪陰凝；萬物遭逢生皆死—死無相化。

●松經冰霜，不同凡卉；豪傑受困可致遠——遠不近餒。

○難堪事臨，定靜當之；若怒厲聲激糾紛——紛起處晚。

●隱處林園，何來榮辱；道義途中少炎涼——涼非捨用。

○柴米油鹽，等因奉此；粉筆生涯各千秋——秋水寒冰。

●人之為人，情生心苦；求必有執難逃脫——脫非無念。

○時予肯定，時予否定；置身矛盾困惑極——極中思解。

●浮生倏忽，閃如電火；如意幾許計較苦——苦難恕世。

○松下撥琴，月夜聞蕭；澗邊觀瀑山聽梵——耳音各異。

●欺瞞人易，良心難昧；求事功難唯堅志——志立可破。

○蹺得一時，蹺得一世；難蹺方寸心印痕——痕生難忘。

●人難安位，世難無常；等閒平地起波瀾——瀾生禍源。

○只要是人，求有行望；俱隨難生時現心——心印痕烙。

●當時殷勤，皆是手植；而今開落任春風——風飄難尋。

○春去秋來，花開花謝；人生長恨水長東——東南西北。

●心高氣傲，剛愎執著；鏡花水月一場空——空悟幾許。

○解脫執迷，破繭造繭；自縛自放無己時——時豈難休。

●空山無人，水流花開；獨立蒼茫自詠詩——詩為誰吟。

○長於春夢，復幾多時；散似秋雲無覓處——處為人生。

●此情可待，成了追憶；只是當時己惘然——然何悔情。

○人錯一時，失之交臂；生誤一位榮枯極——極分顯微。

●奇才異能，槁死蒿下；庸懦平常位要津——津因命異。

○今生命苦，為人作嫁；一輪夕陽未了情——情懷自賞。

●做人是難，不做更難；做事固易做好難——難明不難。

○天地萬物，為人而設；育養人類當感恩——恩情反報。

●妳扮公主，我做英雄；青梅竹馬情意濃——濃皆成空。

○名利勝我，情愛擾我；閒淡難我有何慕——慕人心苦。

●筆老詩新，吐之有物；水清石瘦多能奇——奇中不奇。

○臥房客廳，來回游弋；彩色射燈神仙魚——魚在空浮。

●荒野茫茫，獨處帳棚；隴海兩端相思情——情堪人憫。

○勝更增怨，負臥不安；勝負俱捨心甜眠——眠無人擾。

●春江柳條，江中有橋；情人偕手橋上過——過今憶橋。

○長養身心，源如水裡；人讀書經春風中——中淨神安。

●遠離塵囂，片刻寧靜；滿山夜色心神爽——爽忘煩愁。

○紛紜塵世，險惡長路；悲愴旋律哀歌鳴——鳴述人生。

●煙囪青煙，裊裊昇起；骸骨爆裂化粉末——末結人生。

○別久重逢，熱絡話多；激情談了寂默情——情含心中。

●眾生之業，百劫不亡；因緣一時自當受——受作果報。

○丈夫遠去，兒女雙亡；外人自殺國人笑——笑認無常。

●人為公民，理想宜闊；視線要廣內外明——明察世情。

○遇到挫折，想到先賢；情緒低潮須鼓勵——勵依人己。

●今生若問，來生何種；醒時但問寐時夢——夢難知情。

○金無足赤，誰能無過；人無全美事難好——好曰易度。

●昨為夜叉，今是菩薩；菩薩夜叉一線隔——隔因一念。

○盤中之餐，何粒不苦；食能珍惜感謝農——農人血汗。

●成長過程，記憶回溯；酸甜苦澀各不同——同情人類。

○人之生死，皆難面對；終將到來先該明——明白無懼。

●前不見古，後不見來；天地悠悠愴然淚——淚才不伸。

○東漢以前，國無佛念；潛寐黃泉永不寤——寤難醒來。

●塞外冰山，泰山萬里；聚斂魂魄無賢愚——古設地獄。

○長嘯放歌，憤懣牢騷；飛揚跋扈為誰雄——雄以仁恕。

●秋來相顧，身尚飄蓬；痛飲狂歌自毀情——情須以忍。

○菊壇明星，彈瞬五十；喪夫失子顧正秋——秋心不餒。

●宇宙時空，浩渺蒼茫；人在塵海微乎微——微難掩雄。

○逐鹿草莽，稱帝封王；得志一時千古罵——罵無德仁。

●現時失敗，成功千秋；天祥正氣杜李詩——詩歌傳世。

○大地河山，一肩擔裝；福國利民不權爭——爭鬥害民。

●戲裏人生，彩色繽紛；酸辣苦甜心內明——明白好了。

○鐘鼎山林，各具天性；莫強他人與己同——同心本德。

●滅卻心火，腳步宜緩；常開笑口心弦鬆——鬆掉緊張。

○打開心扉，笑納塵垢；洗卻苦愁樂開懷——懷中無憂。

●爾為生存，別人想活；世上人我千秋情——情到事通。

○生死人生，兩皆不堪；生非容易死非甘——甘難去死。

●一家都在，西風裏頭；九月寒衣未剪裁——裁須布有。

○山高易測，海深可探；人心深淺誰能摸——摸非神仙。

●紅塵俗世，事事看淡；千般煩惱靠邊行——行無心念。

○本無一物，何來牽掛；假借身體該知修——修心明性。

●一年好景，君須牢記；三月春愁水不如——如何消融。

○真正英雄，小不滲漏；暗不欺隱末不怠——怠難為雄。

●婚姻不諧，生命坎坷；悲情詩人郁達夫——夫人映霞。

○興亡感慨，成敗千秋；茫茫世事皆風波——波起難靜。

●豈教日月，拘束身事；暫放形神學散仙——仙不世縛。

○身心疲憊，心神不交；操勞過度趕快息——息無猝死。

●朝霧晚嵐，飄逸有緻；青山嫵媚看心情——情賞眉溪。

○廬山面目，原難識破；只緣身在此山中——中皆迷惘。

●我將死去，有人活著；人不活難謂我死——死在活前。

○人類彼此，操控求生；心本愛世不責人——人當以慈。

●舊書固美，新書養眼；讀愛新舊潤心靈——靈性超然。

○時間飛去，命漸減短；雖壽百歲臥將半——半當規劃。

●但見花開，不聞是非；人生有味最心歡——歡笑淨居。

○身有汗珠，莫吹電扇；山中炎夏別入潭——潭涼抽筋。

●信不信神，只有神知；自己不知沒人知——知何人知。

○人惟不死，始是死亡；人亡無證死未生——生為傳承。

無文化　心慈念悲
人類之人
有文化　性狠手殘
人類之獸

國家圖書館出版品預行編目

人生智庫塵海微語 / 韓振方著. -- 一版.
臺北市 : 秀威資訊科技, 2005[民 94]
面 ; 公分. -- 第三四冊合訂本
ISBN 978-986-7263-78-0（平裝）
1. 修身

192.1 94019507

哲學宗教類 PA0010

人生智庫塵海微語第三四冊合訂本

作 者 / 韓振方
發 行 人 / 宋政坤
執行編輯 / 李坤城
圖文排版 / 莊芯媚
封面設計 / 莊芯媚
數位轉譯 / 徐真玉 沈裕閔
圖書銷售 / 林怡君
網路服務 / 徐國晉
出版印製 / 秀威資訊科技股份有限公司
台北市內湖區瑞光路 583 巷 25 號 1 樓
電話：02-2657-9211 傳真：02-2657-9106
E-mail：service@showwe.com.tw
經 銷 商 / 紅螞蟻圖書有限公司
台北市內湖區舊宗路二段 121 巷 28、32 號 4 樓
電話：02-2795-3656 傳真：02-2795-4100
http://www.e-redant.com

2006 年 7 月 BOD 再刷
定價：500 元

讀　者　回　函　卡

感謝您購買本書，為提升服務品質，煩請填寫以下問卷，收到您的寶貴意見後，我們會仔細收藏記錄並回贈紀念品，謝謝！

1.您購買的書名：______________________________

2.您從何得知本書的消息？

□網路書店　□部落格　□資料庫搜尋　□書訊　□電子報　□書店

□平面媒體　□ 朋友推薦　□網站推薦　□其他__________

3.您對本書的評價：(請填代號　1.非常滿意 2.滿意 3.尚可 4.再改進)

封面設計____　版面編排____　內容____　文/譯筆____　價格____

4.讀完書後您覺得：

□很有收獲　□有收獲　□收獲不多　□沒收獲

5.您會推薦本書給朋友嗎？

□會　□不會，為什麼？______________________________________

6.其他寶貴的意見：____

____

____

____

讀者基本資料

姓名：____________________　年齡：______　性別：□女　□男

聯絡電話：________________　E-mail：____________________

地址：____

學歷：□高中(含)以下　□高中　□專科學校　□大學

□研究所(含)以上　□其他_______________

職業：□製造業　□金融業　□資訊業　□軍警　□傳播業　□自由業

□服務業　□公務員　□教職　□學生　□其他__________

請貼
郵票

To：114

台北市內湖區瑞光路 583 巷 25 號 1 樓

秀威資訊科技股份有限公司　　　收

寄件人姓名：

寄件人地址：□□□

(請沿線對摺寄回,謝謝!)

秀威與 BOD

BOD（Books On Demand）是數位出版的大趨勢，秀威資訊率先運用 POD 數位印刷設備來生產書籍，並提供作者全程數位出版服務，致使書籍產銷零庫存，知識傳承不絕版，目前已開闢以下書系：

一、BOD 學術著作—專業論述的閱讀延伸
二、BOD 個人著作—分享生命的心路歷程
三、BOD 旅遊著作—個人深度旅遊文學創作
四、BOD 大陸學者—大陸專業學者學術出版
五、POD 獨家經銷—數位產製的代發行書籍

BOD 秀威網路書店：www.showwe.com.tw
政府出版品網路書店：www.*gov*books.com.tw

永不絕版的故事・自己寫・永不休止的音符・自己唱